전환시대의 논리 Ⅱ, 이재명

전환시대의 논리Ⅱ, 이재명

인쇄일	2025년 5월 10일
발행일	2025년 5월 15일
지은이	이호림
발행인	이호림
펴낸곳	인간과자연사
출판등록	1997년 11월 20일 제 1-2250호
주　소	(03385)서울시 종로구 당주동 2-2(영진빌딩 605호)
대표전화	010-7645-4916
이메일	hnpub@hanmail.net
인　쇄	천일 02-2265-6666

ISBN　　978-89-87944-73-9　03800

- 책값은 뒤표지에 있습니다.
- 이 책의 내용의 일부 또는 전부를 재사용하려면 반드시 인간과자연사의 동의를 얻어야 합니다.
- 잘못 만들어진 책은 구입하신 서점에서 교환해 드립니다.

> 이 글을 집필하는 데 기존 글을 인용하는 등에 있어 동의를 다 구하지 못한 채 게재한 부분이 있습니다. 제위께 이점 너른 양해를 구합니다.

민/중/의/시/대/정/신//주/인/자/리/되/찾/기

전환시대의 논리 II, 이재명

이 호림 지음

인간과자연사

목 차

발문 / 7

제Ⅰ부 – '민중들의 합창'

1. 민중은 누구인가. / 10
2. 5000만 민중에게 고합니다. / 17
3. 300만 검정고시인에게 고합니다. / 38
4. 경상도민 여러분! 그리고 종교인과 태극기 여러분에게도 고합니다. / 42
5. 안동시 예안 땅, 개천에서 용 났다. / 52
6. 경상도와 안동시 다시 보기 / 77
7. 이재명 후보의 청년 시절 – 첫인상 / 90
8. 이재명 후보를 담금질한 성남시에 가다 / 105
9. 정치인, 이재명의 전환시대의 논리 / 111

제Ⅱ부 – 12·3 '난세의 영웅, 일등 공신들'

1. 쿠데타 / 124
2. 파시즘 / 133
3. 나라의 명운을 맡길, 정의로운 사람들 / 139
4. 일등공신들 / 146
5. 민중, 농민 투쟁단 / 153
6. 민중 시대의 기수 '응원봉' 2·3십대 여성들 / 156

7. 민중가수 최도은 / 160
8. 머저리2 - '이대남' / 162

제Ⅲ부 - 국민통합을 위해 '영남과 호남을 편애하라'

1. 과제와 비전 / 166
2. [논단 1] 결합자본주의 1 / 175
   - 새 정부는 가치의 순환이론부터 올바르게 하고 출발하라 -
3. [논단 2] 결합자본주의 2 / 178
   - 국민의 4대 의무를 바꿔야 할 때이다 -
4. [논단 3] 결합자본주의 3 / 181
   - 직접민주주의 -
5. 새 정부는 이 땅의 통합을 위하여 몰표 없는 선진민주주의 국가부터 세워라. / 185
6. 소개합니다 - 3대 정책 중에서 / 188
7. '판단과 변명' - 유시민 작가와 인물들 / 193

제Ⅳ부 - 부록

1. 대한민국의 자랑스러운 인권변호사 / 202
2. 전국적으로 분포한, 300만 검정고시인의 역사 / 207
3. 발행인의 글 - 책무만 있을 뿐이다 / 211
4. 섀도 내각(SHADOW CABINET)을 위한 국민 추천 '제안' / 230

글은 가급적 민중들을 위해 쉽고, 편안하게 읽을 수 있도록 했습니다.

발 문

한 민중이 우리 민중들과 함께 공감해 보고 싶은 이야기를 글로 적어 보았다. 우리 국가 사회의 문제의 본질이 무엇이고, 그 문제를 풀 수 있는 방법은 무엇인지에 관한 이야기이다. 주제가 무겁지만 답답한 마음에 썼다. 모자란 그대로, 투박한 그대로이다. 마냥 천박해지는 세상에 대한 민중의 의견이자 전체에 대한 제안이라 할 수 있다. 서민 즉, 민중에 대한 글들이 가슴에 와닿지 않은 것이 계기가 되었다. 대안은 제시하지 않고 현상만을 짚은 것이 한계였고, 주로 학문적으로 접근하다 보니 읽기도 어렵고 겉돌았다. 글쓴이들이 민중과 같이 배움이 덜하고, 어려운 삶을 덜 살아보아서 그렇지 않았을까 싶다. 서민의 고통과 궁핍한 현실이 현장감 있게 생생히 반영된 글이 필요하였다. 무엇보다 민중의 수준에 맞는 글이어야 하고, 문제의 해소책도 직접 찾을 수 있어야만 했다. 비정규직, 농민, 서민, 하층민으로 불리는 우리네 민중은 왜 1% 기득권층에 온갖 욕망의 배설물을 뒤치다꺼리만 해야 하나. 그리고 그 여파의 책임은 죄다 뒤집어쓰기만 해야 하는지이다. 표밭인 민중들이 절대다수를 차지하면서도 아직껏 답답한 모습 그대로이다. 이를 크게 아우르며 볼 수 있어야 한다. 앞으로도 이와 같은 숙명적인 삶을 더 살아야 하는지가 두렵다. 본래적인 삶 자체의 기만성에 더하여 인간끼리 나누는 또 하나의 기만성이 더 없게 마음 아프기 때문이다. 서민, 민중이라면 감정에만 치우치지 말고, 이 점을 좀 더 깊이 성찰해 볼 수 있어야 한다. 결코 더 이상의 퇴로는 없다. 당당한 주권자로서 자기 인식을 분명하게 하자. 덧씌워진 굴레에서 과감히 벗어나려고 해야 한다. 방법은 무엇이 되어야 할까. 무엇보다 민중들의 자각과 단합이 먼저이다. 민중들의 주도적인 자기 혁신이다. 다음은 국가와 사회를 전면적으로 개혁하고, 일신할 수 있는데 열정을 쏟을 수 있어야 한다. 우선은 코앞에 다가온 선거혁명부터 시작하자. 6월 3일 있을 제21대 대선이 목표이다. 표밭 민중은 우리들의 의사를 분명히 하여 당당하게 투표에 임하도록만 하면 된다. 민중은 표밭이다. 선거는 민중의 민의를 반영하기 위해 만들어진 제도이다. 따라서 민중에 있어 투표는 대의이자 시대적 사명을 구현하는 수단이다. 어느 선거이고 민의를 담은 민중이 족족 이길 수 있다. 민중의 세상을 만들어 갈 수가 있다. 대선에 기꺼이 참여해 올바른 선택을 하자. 거듭 읊는다. 표밭, 언제나 우리 민중이 대세이다, 이미 승리의 절대를 양손에 거머쥐고 있는 것과 같다. 민중 모두는 이 사실을 분명하게 알고 제21대 대선에 임하도록 하자.

제 I 부

민중들의

합　　　창

1.
민중은 누구인가

***

　민중(民衆)은 민의 무리를 뜻한다. '인민'을 말하는데 북한에서 인민이 선점되어 상용어로 사용되니 우리는 금기어로 삼아 쓰지 않는다. 예를 하나 더 들면 우리말에 동무가 있다. 어릴 적 같은 또래의 친구들을 말한다. 이 또한 남한에서는 금기어로 취급되어 쓰지를 못하고 있다. 노동자들은 동지라고 쓴다. 민중과 동무는 우리 말 중에 가장 쓰기 적합하고 소용에 닿는 순수한 우리말이다. 자 이제부터는 활발하게 써 볼 수 있도록 하자. 북한에 비켜 가거나 겁내지 말자. 한민족이라면 남·북한 가릴 것 없이 우리 모두가 써야 한다. 통일에 대한 의지라고도 할 수 있다. 언어는 제때 제대로 써야 의사가 명확해진다. 어휘와 표현의 방식이 자유롭고, 풍부해진다. 민초와 서민은 민중의 또 다른 우리말로 쓰는 함축어이다. 사회통념상 우리들의 삶에 계층이 있다고 하면서 이렇게 구분해 쓴다. 더 노골적으로는 상층과 하층이 있다고도 하고 더 나아가 중상층 운운하며 구분해 쓰고 있다. 하지만 사람이 살아가는 생태를 층으로 논해 필요 이상으로 나눠서 호칭하는 것은 적당한 용법이 아니다. 이를 원인 무효화하기 위하여서는 죽어 있는 낱말들을 다시 찾아 써야 한다. 이 중에 대표적으로 써야 할 우뚝하고 분명한 용어가 민중이다.

민중이 누구인가. 요즘 자본주의 사회에서는 부르주아지(bourgeoisie)를 뺀 소비자 모두를 말한다. 좀 더 선명하고 확연하게 구분하면 현재 5200만 인구 중 편의상 2백만 정도의 부유층을 빼고 나면 5000만 국민이 모두라 할 수 있다. 이를 함축적으로 예를 들어 표현해 본다.

1997년 IMF 때 민중이 금 모으기로 나라를 구하였다.

이때 참여한 국민 모두는 극히 일부를 빼고는 모두가 민중 들이었다. 민중의 실체이자 모습이며 민중이 집결하였다고 할 수 있다. 기록에 보면 그때 금을 모은 총량이 227톤(2025년 환산 금액 21억 3,000만 달러)이라고 한다. 어마어마한 양이다. 이때 돈이 있는 기업과 자산가가 금액 크기를 지상에 거명하며 기부하였다. 하지만 알고 보면 그 금액은 민중이 낸 금반지에 비해 별반에 지나지 않는다. 뭐니뭐니 해도 민중이 낸 금반지가 질과 양적인 면에서 나라를 구하는데 결정적인 힘으로

작용하였다. 그 까닭에 IMF 체제를 조기에 끝낼 수 있었다. 이것은 세계가 알아 준 한국인만의 놀라운 집중력의 결정체였다는 것이 중론이다. 기미년 3·1만세, 4·19의거, 5·18 민중항쟁, 12·3 빛의 혁명으로 불린 '응원봉'의 실체까지 민중들의 거국적 거사에서 비롯하였음이 또렷하게 시대정신에 각인되어 있다. 12·3 민중항쟁의 선두는 민중, 농민투쟁단과 '응원봉' 민중 2·3십대 여성들이었다. 시대를 구분하는 점에 있어 한 치의 틈새도 내어주지 않고 반전의 모습을 일궈내었다. 이번에도 만고의 사기꾼인 대통령을 탄핵으로 이끌어내었다. 법을 안다고 하면서 법을 능멸하였다. 법꾸라지의 전형이다. 이와 같이 일대 거사로 파쇼의 무리들을 몰아낸 실체가 우리 민초들 즉 민중이었음을 분명하게 알자.

민중의 공통 과제는 지금보다 앞으로가 더 중요하다. 시장 자본에 중심을 잡지 못하는 국가를 견인해 낼 수 있어야 하기 때문이다. 예를 들어 기업에 노동조합이 있어서 기업주의 횡포를 막아내고, 재무구조를 건강하게 할 수 있는 것과 같다. 국가가 이번과 같이 감정에 필요 이상으로 노출되어 자기 멋대로 권력을 행사하였을 때에도 민중의 항거로 바로잡아 놓는 것과 같다. 현재 급속도로 진행되는 AI 시대는 로봇 등이 고용의 많은 부분을 잠식해 고용률을 무력화시킬 수 있다. 지금까지 보아왔던 것과는 달라서 소름이 끼칠 정도로 내달려 갈 것이다. 이때 꼭 필요한 것이 바로 견제할 수 있는 힘의 존재 여부이다.

견제할 세력은 조직된 소비자 민중뿐이다.

정의롭고 합리적으로 뭉친 민중의 세력화가 필요하다. 소비자는 모름지기 민중이 주된 층이라 하였다. 그리고 가성비가 매우 높은 표밭이라고도 하였다. 따라서 생산자 기업을 견제할 수 있는 힘은 민중이다. 상품을 구입하는 소비자 스스로가 맡아야 하는 것은 당연하다.

국가는 가운데에서 조율기능을 최대한 발휘만 하면 된다. 스포츠 경기에서 심판의 역할이라 할 수 있다. 생산된 상품을 우리 소비자 민중이 소비시켜 주지 않으면 그들 기업은 사실상 갈 곳이 없다. 세상은 지금보다 앞으로 이를 더욱 분명하게 인식시켜 갈 것이다. 기업이 소비시키는 대상 즉 고객은 국내가 우선이다. 수출이라는 형식으로 세계의 또 다른 고객을 찾아갈 수 있다. 하지만 그쪽에도 훈련된 우리와 똑같은 민중인 소비자들이 있게 마련이다. 앞으로 전 세계의 민중은 이렇게 좀 더 단단하게 단합하게 될 것이다. 따라서 생산자와 소비자의 긴장된 구조에서 기본소득의 적용은 선택이 아니고 의무이다. 기업은 생산을 하지만 민중은 소비를 한다. 이익 중에 납세를 통해서 다음의 소비를 촉진시킬 수 있는 재원으로 삼아간다. 선순환 논리의 적용이다. 이것이 생산과 소비의 건강한 관계이다. 모든 경제 논리는 이렇게 풀어가면 된다. 기업과 소비자는 이런 호혜의 관점에서 서로는 건강하고, 대등해지면서 긴장 관계를 갖는다. 서로 존중하는 구도로 양립할 수 있도록 해야 한다.

AI 시대를 살아가는 최대의 공약수라 하겠다.

아울러 하나 더 강조할 것이 있다. 이제 시민혁명의 시대는 지나 갔다는 점이다. 12·3 내란에서 보여주었듯이 '응원봉' 즉 빛의 혁명 시대가 대체 세력으로 떴다. 2016년 촛불의 거대하였던 시민혁명은 문재인을 낳았다. 개혁을 제때 하지 못한 일말의 아집이 결국은 기형아를 낳은 것이다. 끔찍하게도 수괴 윤석열을 낳았다. 그 열화와 열정으로 절정에 이뤘던 시민 촛불을 말아먹었다. 촛불을 한 입에 말아 먹게 방치한 문재인은 도의 이상의 책임을 져야 한다. 책임이라는 측면에서 문재인의 책임은 노무현의 책임보다 더 크다. 자진(自盡)한 모습은 안되었지만 역사에 책임지는 자세만큼은 더없이 좋았다. 역사는 그만큼 냉정하다. 구조적인 방만함과 한계로 나라의 역사를 50년 이상 나락으로 떨어트릴 뻔하였다. 괴수 역적의 큰 죄이다. 이에 대한 책임은 말이 아니라 역사에 주저 없는 행동으로 법치를 확고하게 적용하여 엄벌해야 한다.

빛의 혁명, 민중의 혁명이다.

빛의 혁명은 촛불 혁명의 시민을 대신하여 민중이 일어났다. 시민에서 좀 더 기층민화한 것이다. 민의 구조상 옳은 방향으로의 전개라 할 수 있다. 이제 민중이 주인이라는 구호만으로 끝내서는 안 된다. 이제는 실질적으로 주인 자리를 되찾아서 민중의 정권까지 확고히 창출해야 한다. 시민에는 부르주아지

기질이 다분히 있다. 그것이 한계이었다. 민중의 대표 '응원봉'이 적시에 나타나 감동적으로 시민혁명의 한계를 혁파하였고 탄핵을 이끌어내었다. 민족적으로나 기층민의 입장에서는 더없는 기회가 왔다. 이번만큼은 주저 없이 한 발짝 더 나아갈 수 있도록 하자. 두 가지 차원에서이다. 하나는 촛불 혁명의 열기가 제도권인 정당의 입에만 들어가다 보니 그들 마음대로 반역자 수괴인 윤석열을 만들었다. 이를 반면교사로 삼아야 한다. 다른 하나는 민주주의는 표로 승패를 가린다는 점에서 재인식해야 한다. 민중은 표밭이다. 우리 민중이 그 표를 왕창 갖고 있다. 따라서 민중이 단합만 하면 원하는 민중의 정권을 창출할 수 있다. 이를 이번 제21대 대선에서 실제화시켜 구현할 수 있도록 하자. 즉 우리 민중을 위한 대통령을 만들자. 이번만큼은 확신감을 갖도록 민중 모두가 단합하여 거센 민심을 만들어가자. 세계사적으로 신기원을 세울 민중의 대통령을 만방에 보여줄 수 있도록 하자.

이제는 맹목적인 소비만 시켜주는 시대가 아니다.

다가온 AI 시대는 고용 부담에서 해방되는 기업들을 볼 수 있게 된다. 대응해야 할 조직된 소비자 시대도 성큼 다가왔음을 뜻한다. '기본소득'과 연계되는 단합된 소비자 민중의 상과 이를 조직적으로 이끌어갈 조직체가 함께 필요하다. 더 나아가 '기본소득'과 내수를 의무적으로 결합하는 새로운 '기본소비'

시대를 열어갈 수 있도록 하자, 기업의 생산을 안정시켜 주고 소비자의 소득은 동시에 보장하는 제도이다. 민중이 지금의 생산자 중심의 사회를 벗어나 소비자 중심의 사회와 대등할 수 있도록 사회구조를 만들어야 한다. 현재 주객이 전도된 잘못된 사회구조를 온전하게 바로 되돌려 놓자는 얘기이다. AI 시대의 대체되는 노동에는 로봇이기는 하지만 기업은 소비자가 없으면 언제라도 헛것이다. 로봇의 대량생산 체제에서 소비자는 더욱 중시될 수밖에 없다는 것을 말한다. 소비자가 확보해 갖고 있어야 할 재원은 기본소득이다. 이는 원천과세에 토대를 두어야 한다. 선택의 문제가 아니라 의무의 강화 문제이다. AI 시대는 기업과 소비자가 비로소 서로를 응원하는 공정과 균형의 공고한 시대가 되어야 하는 이유이다. 쌍방이 기본의무에 충실한 시대를 만든다는 덕목 아래에서 그 출발점을 함께 만들어 갈 수 있도록 하자.

2.
5000만 민중에게 고합니다.

***

'응원봉' 빛의 민중혁명 – 민중이 정권을 담당할 차례가 왔다.

서민이자 민초인 5000만 민중 여러분! 한 번쯤은 생각해 보십시다. – 이번 기회에 싸구려 짓, 구태와 천박한 심성에서 우리 사회 전반이 일제히 벗어날 수 있도록 합시다.

설 배운 자들과 염치가 없는 자들의 기세에 눌려 양극화 등 불공평해진 사회가 바로 지금의 우리 사회입니다. 나라의 대를 이어갈 청년들은 백수이고 책임이 따르니 결혼도 제때 하지 못하는 딱한 신세에 처해 있습니다. AI 시대의 도래로 고용률의 감소가 불 보듯 뻔한 세상이 되었습니다. 우리 국가 사회는 이런 면에서 볼 때 문제점이 너무 많습니다. 사채를 더 비싼 사채로 급하게 돌려막듯이 모든 문제를 서민 민중으로 돌려막고 있는 상황입니다. 불안한 사회가 새로운 양상으로 깊어지고 있는 것입니다. 고용구조 조정의 연착륙, 기업의 구조조정에 금융지원 등이 대표적인 예입이다. 이와 같은 사회문제에 대하여 적극적으로 지적하고 대안을 제시해야 할 대개의 몰 지식인들은 역할은 하지 않은 채 침묵 일변도입니다. 이들이 편이 되어 보듬어야 할 서민은 아예 안중에 없습니다. 일찍이 있는 자들의 자본에 붙어 고개를 숙인 지 오래입니다. 오히려 그들과 한 편이 되어 서민을 등쳐먹는 일단이 되어 있다고 보아야 합니다. 자 이제 누구에게도 의지하지 않고 우리 민중 스스로가 눈을 떠 해결해 가도록 합시다.

무엇보다 여기에 좀 더 확실한 것은 우리 서민 민중을 대변해 줄 대통령이 필요합니다. 기득권 중에서는 이재명 후보가 등극이라도 하면 세금 추징 등 자기네 입맛대로만 될 것 같지 않으니 반대한다고 칩시다. 그렇지만 서민이자 민중인 그대들은 무엇 때문에 우리 서민의 정서를 갖고 있는 이재명 후보를 못 잡아먹어서 야단입니까. 서민 민중들이여! 대낮에 광화문에 나가 고래고래 소리를 지르면서 안달하십니까? 그 모습이 어울린다고 생각하십니까. 어르신들이여! 솔직해져 봅시다. 이재명 그가 당신에게 무엇을 잘못했습니까? 아니면 여러분의 무엇이라도 빼앗기기라도 하였나요. 분명한 것은 여러분들은 얕은 노림수가 있는 자들에게 속고 있다는 사실입니다. 그저 국가의 대의는 생각지 않고 개인적인 영욕만을 치부하는 소인배들에게 말입니다. 크게 지적할 거리가 확인도 되지 않았는데도 남이 하니 나도 따라 한다는 그 자체만으로도 잘못입니다. 이 기회에 욕하는 당신 자신의 인격의 정도는 어떠한지도 스스로에게 한번 물어보실 수 있기를 바랍니다. 대통령이 두 번째로 또 탄핵되었습니다. 탄핵꺼리가 분명하였는데도 아니라고 우기는 당신들, 자신의 판단력에 의문을 가져봐 주시고 부끄러워들 하십시오.

경상도민 여러분! 여러분이 지지하였던 대통령이 또 탄핵되었습니다.

여러분! 여러분이 지지하였던 그들 대통령 하나하나를 보십시오. 하나같이 국민을 위해 대통령을 한다고 큰소리로 떠들던 그자들 모두가 감옥행이었잖아요. 이번에 역사를 50년 이상 후퇴시킬 뻔한 계엄령의 괴수 윤석열은 어떻습니까? 또 탄핵되었습니다. 특히 경상도민 여러분! 여러분의 책임이 큽니다. 여러분이 좋다고 해서 찍어 준 사람입니다. 박근혜에 이어 두 번째입니다. 이제 탄핵되지 않고, 감옥에 가지 않을 사람을 뽑아 보세요. 우선 괴수 윤석열은 서민 여러분들과는 퍽 달랐던 사람입니다. 가난을 모르고 살아온 기득권층의 한사람이었습니다. 가난을 모르는데 어찌 가난을 해결할 수 있겠습니까. 여러분과 윤석열은 여러 면에서 본질적으로 다릅니다. 전임 정부에서 검찰개혁을 묻는 물음에 이를 속이고 검찰총장에 발탁되었지만 감옥행에 탄핵까지 결국은 꼴사납게 되지 않았습니까. 권력의 속성을 익히 아는 여자는 얼굴을 고치고 이름을 바꾸고,

그의 모친과 함께 때를 만난 듯이 정략적으로 검사와 혼인을 맺었습니다. 그 수작과 수법이 얼마든지 드러났습니다. 수괴는 못 이기는 체 부도덕의 검사직을 밑천으로 미인계에 슬쩍 넘어갔습니다. 마구 뜯어고쳐 가짜로 치장한 여자를 아내로 맞았습니다. 여러분들 요즘 세상이 아무리 하 수상쩍지만 이를 모른 척할 수는 없습니다. 이들 연·놈의 수상하였던 과거 행적이 진작부터 이렇게 다 노출되었는데도 당신들의 두 눈에는 왜 그런 것이 보이지 않았던가요? 이들 연·놈을 도와서 정의로운 사회를 구현한다고 하였습니까. 강아지에게 개뼈다귀 갖다 주는 격이었습니다. 어림 반 푼어치도 없는 일이었습니다. 알고 보면 여러분들은 이들에게 야단치지도 않는 점으로 보아서 여러분의 양심을 스스로를 속이는 것과 같습니다. 이런 자를 대통령으로 뽑은 여러분이 솔직히 밉습니다. 하지만 버스는 이미 떠났습니다. 여자도 장모도 또 감옥에 가야 할 것입니다. 여러분이 열렬히 지지해서 당선시켰고, 예뻐하였던 사람입니다. 유흥점과 술집에 드나들었던 신분이 탄로날까 봐 이름도 바꾸고, 얼굴도 갈아버리지 않았습니까? 여러분들이 삶의 원칙으로 삼는 윤리를 헌신짝으로 만든 인간말종이었습니다. 대학의 석사 논문은 두 대학 전부 베꼈고요. 대학 측에서 뒤늦게 가짜라고 판단해서 본인에게 통고하였다고 합니다. 도덕적으로도 쓰레기와 같은 하찮은 존재였습니다. 이 정도로, 여러분 같으시면 하시지도 않겠지만 더는 부끄러워서도 못살 것입니다. 하지만 이들은 또 언제 그랬냐며 거들먹거리며 살아갈 것입니다. 축재 액수가 어마어마할 테니까요. 여러분은 이런 것을 다 묵인하고 또 편이 되어 줄 것입니까. 이 나라에는 깨끗하게 살아가야 할 우리의 아이들이 자라며 지켜보고 있습니다. 이런 인간을 진정 옳은 사람으로 인정할 수 있겠습니까. 여러분은 왜 우리 아이들에게 보이지 말아야 할 것을 보여줍니까. 아닌 것을 알았으면 지역에 불문하고, 당을 불문하고 표를 주지 말았어야 했지요. 이 모두가 국민을 향한 사기행위가 되었고 설마설마 하던 지지자 여러분들까지 속인 것입니다. 속지 않은 진보 쪽은 힘이 모자라 대통령을 빼앗겼지만 여러분은 또 이런 상황이 오면 또 따져보지 않고 또 찍어줄 것입니다. 이와 같이 터무니없는 인간에게 여러분이 한나라의 대통령을 맡겼으니 오늘의 사단은 이미 예고되고도 남았던 것이지요. 나라는 망조가 나고 여러분은 그 덕에 더 어려워질 것이고 반성하지 않으면 악만 남게 될 것입니다. 윤석열은 여러분들이 열렬하게 지지하였던 박근혜 전 대통령을 탄핵하였고, 구속시킨 장본인이기도 하였습니다. 참이지 여러분들은 배알도 없는 바보 멍청이들은 아니지 않습니까? 사람이면 일관된 원칙이 있어야 하지 않겠는지요. 더욱이 정신적인 고향임을 자처하는 입장에서 말입니다. 이제는 꽁한 감정에 치우쳐 계시지 마시고 여러분들도 일어나십시오. 이제부터는 이재명이 아니라 당신들을 속인 머저리1 윤석열을 향해 투쟁을 선언해야 합니다. 지금까지 방향을 잘못 잡앉던 총구도 여러분을 실망시킨 그들 역적에게 돌릴 수 있어야 합니다. 그래야 뒤늦게나마 원칙이 세워져서 세상이 좋아질 수 있습니다. 이번 대선에서 좋은 판단을 하실 수 있기를 바랍니다. 이것만이 아닙니다. 그간 여러분들이 지지한 경상북도 출신의 대통령 5명은 누구라 할 것 없이 전부 감옥을 다녀왔습니다. 박정희 대통령의 최후는 자기편에 암살당하였고요. 전두환과 노태우 역시입니다. 이명박, 박근혜는 어떠했습니까? 여러분이 선택한 대통령들이 왜 다 이러했을까요. 아무 잘못이 없는데 감옥에 가진 않았을 것입니다. 자랑스러운 전통에 빛나는 경상도 출신 4+2명의 대통령이 경상도의 고갱이 같은 전통을 말아먹었습니다. 혹시나 이들을 야당에서 발목을 잡아서 그러했을까요. 아니지 않습니까? 이런 점에 볼 때 지지자 여러분들! 이 기회를 통해서 자신의 판단력에 의문을 가지셔야 합니다. 개인보다 나라가 더 중요합니다. 또 탄핵된 마당에 비로소 크게 성찰하는 계기를 가져보시기를 거듭 바랍니다. 그래야 나라가 살고 여러분과 여러분의 지역이 살 수 있습니다.

잘못을 옹호하는 당신들 때문에 나라가 망할 수도 있습니다.
자랑스러운 경상도는 재정자립도가 매년 하향 추세입니다.

더 이야기해 보겠습니다. 우리나라의 경상도는 역사적으로 전반이 중요해서 언제나 깨어 있는 거점 지역이었습니다. 삶의 본질을 따져 가늠하는 우뚝한 유가(儒家)라고 하면 경상도를 우선 떠올립니다. 그중에 순흥의 안향 선생과 안동의 거두인 퇴계 이황 선생 그리고 덕산의 남명 조식 선생을 기리면서 대한민국 정신사를 통틀어 종주의 위치를 점하고 있은 지 오래입니다. 이에 다소 비판적이었던 양명학이 국내에 도입되어 자리를 잡았던 곳이었습니다.

다. 임진왜란 때는 의병으로 나라를 구한 전통의 경상도이어서 경남 진주를 거점으로 옆 동네 의령과 함안 창녕 합천이 다 그러했습니다. 의병장인 홍의장군 곽재우를 비롯한 충의들께서 살신성인하셨습니다. 그때 여기 경상도에서 왜군을 막아주지 못했다면 곡창지대인 호남이 쑥밭이 되었을 것이고, 우리 한반도에 대한민국이 이렇게 존재할 수 있었을까 하는 의문이 듭니다. 그때의 이웃 명나라도 잠시 후에는 청나라에 먹혀 망하였으니까요. 그 청나라는 또 어떠했습니까. 조선조보다 먼저 멸망하였습니다. 이렇게 나라를 지켜낸 대표적인 지역이 진주 앞 동네 함안과 의령이었음을 거듭하여 말해둡니다. 전통은 굳세게 이어져 왔습니다. 근세 독립운동 초기를 이끈 걸출한 지도

자를 배출한 지역도 석주 이상룡 초대 국무령과 일송 김동삼 장군과 부민단의 경북 안동이었습니다. 경남의 약산 김두봉 장군과 밀양의 백산 안희재 선생의 의령 세 지역이 쌓인 전통의 명성을 굳건히 지켜서 이어왔습니다, 부산은 1979년 부마 민주항쟁과 대구의 1907년 국채보상운동 등이 자주적인 민중운동의 초석이 되었습니다. 이와 같이 경상도는 민족성과 정의로움이 뚜렷해서 자랑스러운 전통으로 빛을 발하는 곳이 되었습니다. 경상도의 이 불멸의 영광과 아성, 지금은 다 어디로 떠나버린 것인가요. 배출한 대통령마다 구속되거나 탄핵되어 감옥행이라니 말입니다. 우리들은 타지역에서 볼 때 그 불멸의 아성이 깨져가는 것을 매우 아쉽고 안타깝게 생각합니다. 대한민국의 건국 이후 누구 하나 예외 없이 감옥행이었던 경상도 출신의 대통령들입니다, 감옥에 가는 대통령만 4명에 또 하나 이번에 괴수 윤석열까지 배출하니 지역이 쌓아 온 대대로의 전통을 한순간에 무너뜨려 먹칠하고 있습니다. 감옥에 가는 대통령에게만 표를 찍어준 여러분들은 부끄럽게 생각하셔야 합니다. 감옥행이 지역의 자랑스러운 전통을 이어주는 것이 아니지 않습니까. 이들은 국가관 안에 국민은 없고 오직 개인의 야욕만 있었던 사람들입니다. 대통령의 자격이 아예 없었던 사람들이었습니다. 권력과 이권 등 감옥행의 이유가 이를 증명하고 있습니다. 이 모두는 경상도의 자랑스러운 오랜 전통을 마구 깨부수었던 것일 뿐이었습니다. 서울 다음의 도시인 부산과 대구를 무기력하게 만들어 놓은 장본인들이 이들입니다. 최소한 지역을 서열에서 뒤떨어지지 않게 발전시켜 놓았어야 하는 것이 아닌가요? 보세요! 현실은 발전은커녕 지금 경상도 지역의 상징인 부산과 대구 두 도시와 함께 경남과 경북 이 전부 낙후된 지역의 대명사가 되어 있습니다. 발전을 수치화한 재정자립도가 하락을 거듭하더니 이제는 점점 반전 자체를 기대할 수도 없으리만치 처져가기만 합니다. 어제의 그 많은 영광과 자존심을 되찾도록 하셔야 합니다. 여러분에게 권면해 드립니다. 전통을 마구 뭉개는 폐습에서 어서 빨리 벗어나십시오

'우리가 남이가!'의 나쁜 전통이 아직도

좀 더 얘기를 이어 가면 대구와 부산이 점차 후발도시인 포항과 구미 그리고 창원에도 추월당하는 것은 시간문제로 보입니다. 제2의 도시인 부산과 대구가 지금 겪고 있는 심각한 변고는 무엇도 아닙니다. 일회성 정치꾼들의 무능력에서 비롯합니다. 자신의 입신양명만을 원했지 '우리가 남이가!'라며 깡패집단에서나 쓰는 용어를 수시로 난발하는 화끈함만 한판으로 삼았었기 때문입니다. 자연적으로 지역의 발전은 이차적으로 됩니다. 아직도 그들의 아집으로 지역은 통째로 볼모로 잡혀 있습니다. 이는 어제오늘에 벌어진 일만은 아닙니다. 필자는 양태 면에서 볼 때 한때에 들뜬 정치꾼들의 선동이 구호로만 요란하였고, 뒤늦게 나쁜 전통만을 쌓아온 사실이 최악의 재정

자립도라는 결과로 나타났다고 봅니다. 경상도민 여러분! 탄핵에 감옥행까지 잘못된 대통령만 배출하였습니다. 경상도민들은 '대통령만 배출하면 다이다!'라는 이해의 폭이 크다 보니 오늘과 같이 어려움을 불러들인 것입니다. 지역 살림을 제대로 돌보지 않아 쪼그라들기만 하는 바보짓을 결코 하시지 말기 바랍니다. 정치적인 허세만 내는 것은 허파에 바람이 들어간 것과 뭐가 다릅니까. 이제는 여기서 과감히 벗어나셔야 합니다. 물론 상대적인 호남은 재정자립도 면에서 경상도와 비교할 수 없으리만치 현재도 만년 꼴찌입니다. 이는 경상도이건 전라도이건 사려 깊게 따져보지도 않고 한쪽으로 몰표를 몰아준 공통점에서 비롯하였다고 보아야 합니다. 특히 정치의식이 뛰어나다는 전라도민은 이 점에 있어서만큼은 이제는 정신을 바짝 차려야 합니다. 몰표가 아닌 새로운 모습을 보여주실 수 있어야 합니다. 몰표는 결코 바람직한 민주주의가 아니기 때문입니다.

호남과 영남은 몰표를 주는 잘못된 풍조를 중단하십시오.

선진화된 민주주의가 몰표 주기는 아니지 않습니까. 현재대로라면 영남과 호남은 선진화된 민주주의 국가 사회의 일원이 아닌 것으로 봐야 합니다. 호남이 애꿎게 역사와 지역 차별에서 많이 당한 것은 압니다. 하지만 이제는 결자해지의 차원에서 이를 뛰어넘으십시오. 선진 사회로 가는 길목에서 몰표는 이번 계엄령과 같이 저급한 국가적인 패악만 불러오기 때문에 그렇습니다. 여러분들 호남인이 계속 이러하시면 경상도는 잘 잘못을 가릴 사이가 없습니다. 계속적으로 몰표로 답할 수밖에 없는 것이니까요. 어떤 혁명적인 일신이 없는 한 이는 지역에 끝나지 않고 여러분들 때문에 나라의 꼴은 지금보다도 더 사나워질 수밖에 없게 됩니다. 남북이 나뉘어 민족적인 과제인 통일에 혼연일체로 나서야 하나 남한인 특히 영·호남이 이런 구태에서 헤어나지 못하는데 통일을 논한다는 것 자체가 사치일 뿐입니다. 문제는 앞으로도 감정에 치우쳐 몰표를 주는 한 부산과 대구에 이어 호남까지도 재정자립도가 나아진다는 보장이 없습니다. 언제인가는 영남이 현재 제일 꼴찌인 호남과 키재기도 하지 말라는 법도 없게 될 것이고요. 아이들이 자라가야 하는 이 땅 이 나라에서 어른들의 덕목은 언제라도 우리 아이들의 걱정을 덜어주어야 하는 일입니다. 본인들도 한 세상밖에 살지 못하는 삶이지 않습니까. 이제 뒤늦게라도 재대로 살펴서 모두가 대접받으며 잘살아봐야 하겠습니다. 잘못되었다고 하면서도 잘못된 풍토에 그냥 휩쓸려 가듯 살아가는 방법은 올바른 삶의 태도가 아닙니다. 몰표 행위는 결국 '고춧가루 뿌리기'라고 해도 무리는 아닙니다. 옳고 그름을 아는 우리 어른들이 아이들이 걱정 없이 자라고, 잘살아갈 수 있도록 모범이 되어 주도록 합시다. 이제 영호남 양 진영은 그 외에 타지역을 위해서라도 살신성인하는 자세로. 민주주의에 반하는 몰표 행위는 하지 맙시다. 사실은 몰표만이 아닙니다. 가깝게만 생각해 봐도 이들 정권하에서는 사고 즉 국가적인 대형사고가 왜인지 그렇게 많이 터졌습니다. 2014년의 세월호가 그러했고 이태원에서의 159명의 어처구니 없는 희생, 최근에는 무안 항공기 대형사고까지 말입니다. 이제는 의례적인 것과 같아서 사고를 아무것도 아닌 것 같이 생각하는 풍조까지 생겨나고 있습니다. 이게 전부 우연일까요. 그렇지가 않습니다. 척일뿐 다 이권과 안전 불감증에 따른 서투른 행정에서 비롯하는 것입니다. 하나만 더 말씀드리겠습니다. 대통령의 자격에 있어서 부부는 아이를 낳아봐야 한다는 점입니다. 우리나라의 교육문제는 교육비 등 언제라도 심각하지 않았습니까. 그런데 아이를 낳아보지 않고 키워보지도 않아 교육 실정을 체감적으로 느껴볼 수가 없는데 어떻게 적절한 대책을 세울 수가 있겠습니까. 교육만큼은 대통령이 알고 모르고가 해소 여부의 관건입니다. 통째로 아무것도 모르는 대통령과 아내라면 어려운 교육문제를 풀어간다는 것이 가당키나 했겠습니까. 의료대란을 일으키는 것을 보셨지요. 정상적인 가정에서 정상적인 대통령이 나올 수 있도록 해야 하겠습니다. 이래서 투표는 이런 사실을 두루 살펴 행사해야 합니다. 감정이 아닌 이성적이어야 하는 것입니다. 정당 못지않게 인물까지 판단해서 여러분의 표심을 작동시킬 수 있어야 합니다. 이것이 편파성이 없는 건강한 민주주의입니다. 이는 영·호남이 다를 수가 없습니다. 제안 삼아 한 말씀 더 드리면 지금까지 대통령 9명을 배출한 경상도의 주민 여러분은 이번에 1명을 더 배출할 수도 있게 되었습니다. 제안합니다. 뜻대로 10명이 배출되면 기념으로 몰표 없는 선진민주주의를 하겠다고 선언하심은 어떨까 합니다. 여러분들의 몰표 때문에 타지역이 피해를 보고 있기 때문입니다. 싸움판으로 밤을 지새우는지도 모르지 않습니까. 이를 끝장내지 않으면 진정한 민주주의도 없겠지만 나라의 발전은 사상누각에 불과합니다. 말씀을 모아서 축하연이라도 갖도록 하시지요. 그리고 그 자리에서 이번만큼은 경상도 지역의 몰표를 없애고 재정자립도를 늘리는 계기로 삼자고 하셨으면 좋겠습니다.

민초이자 서민 출신인 이재명은 슬기롭고 새롭습니다.

앞으로 다시 돌아가 보겠습니다. 여러분! 특히 어르신네들 여러분은 왜 이재명을 싫어하는지를 다시 묻겠습니다. 이재명 후보는 경상도 예안이란 깡촌에서 가난뱅이의 상징과도 같이 태어났습니다. 집안은 우리가 상상할 수도 없이 어려웠다고 합니다. 초등학교를 매일 3킬로가 넘는 험한 산길을 걸어 다녀야만 하였다고 하고요. 하니 눈·비가 오면 냇가가 물로 넘치니 지각이나 결석이 잦을 수밖에 없었습니다.

그런 중에도 아이는 유별나게 책 읽기를 좋아하였다고 합니다. 학교도서관의 책은 무엇이든 다 빌려다 읽었다고 하니까요. 학년에서 책을 많이 읽는 아이로 불렸다고 합니다. 지금 보면 이런 점은 이재명 개인에게는 가난하였던 시기가 결코 나쁘지만 않았었다고도 할 수 있겠습니다. 책 읽기가 지금과 같이 나라의 재목으로 쓰이게 키워주었던 실체라 볼 수 있기 때문에 그렇습니다. 혹시 여러분들은 가난한 사람은 끝까지 핍박을 받고 어렵게 살아가야 한다고 생각하십니까. 아니면 사회의 지위도 얻지 말고 의견도 내지 말며 쥐 죽은 듯이 살아야 한다고 생각하십니까. 여러분 이제는 깨어나셔야 합니다. 한 세상을 왜 그렇게 우물 안의 개구리 모양새로 좁아터져 살려고 하시는지요. 지금은 어제가 아닙니다. 자 모두 깨어나십시오. 여러분이 뽑은 그간의 대통령들을 보세요. 입지가 군벌이나 가문 내지 검찰 등의 힘을 빌려서 야바위꾼적 같이 권력을 찬탈하였던 것이 대부분이지 않았습니까. 그래서 평소 주변의 누구라도 겁이 없으니 무리를 하다가 감옥에도 가고 인생 말로가 좋지 않았던 것이지요. 여기에 비해 이재명 후보는 순수 그대로를 지키며 어려움을 딛고, 자기만의 서사를 이룬 인물입니다. 이제 여러 단계를 거쳐서 국민의 검증을 받아 왔고 세 번째 대통령직에 도전하고 있습니다. 많은 책의 탐독은 분명 자라나는 아이 이재명에게 꿈을 심어주었을 것입니다. 책이란 그런 것이니까요. 자신의 생애에 소중한 자양분이 되었을 것입니다. 그는 깡촌에서 도회지 성남으로 이주한 이후 공장에서 소년공으로 사회생활을 시작하였습니다. 검정고시와 대학교 진학 등 어려운 생활 중에서도 부모님을 도우며 옳게 살아왔던 과정이 이를 단적으로 보여줍니다.

한 예로 사법고시도 기존의 합격자들은 단순히 외워서 합격자가 됩니다. 세상 물정도 모른 채 시험성적 하나로 고위직에 오르고 있습니다. 그리고 그간 이를 우리 사회가 누차 지적을 해온 바 있습니다. 하지만 이재명 후보는 온갖 고생 끝에 세상이 무엇인지를 체험하고 난 뒤 고시를 합격한 사람입니다. 따라서 대다수 세상 물정을 모르는 법조인과 정치인과는 질적으로 다를 수밖에 없습니다. 이는 앞으로 대통령직을 수행하는데도 기존의 대통령과 다를 수밖에 없는 품성이자 기반입니다. 얼마든지 기대할 수 있는 부분임을 아셨으면 합니다. 특히나 성장론의 기관차와 같은 기업을 시대정신으로 이끌면서 서민 민중들에게 정다운 벗으로 이웃해 나라를 잘 이끌게 될 것입니다. 우리 국민 모두가 원하는 대통령다운 대통령을 만나보실 수 있게 될 것입니다.

뜻이 있어 사법고시에 붙은 것과 오늘날과 같이 굴지의 정치인이 된 것은 다 다독에서 방법론을 찾았을 것으로 짐작하는데 별 어려움이 없어 보입니다. 평시에도 보면 발상의 전환에서 보듯 영감에다 순발력까지 남달라 특출하다는 것을 느낌으로 받을 수가 있습니다. 계엄 당일에 즉석 생방송으로 민중에 알리고 모으는 모습을 보셨지요. 이런 순발력이 다 독서로부터 가능한 것입니다. 요즘도 자라나는 아이에게 있어 독서는 좀 더 권장된다는 사실을 모두 아시고 계시겠지요. 그 어려운 중에도 삐뚤어지지 않고 오늘의 정치인으로 큰 이재명 후보를 자랑스럽게 보아주셔야 하지 않겠습니까. 이재명 후보가 책을 좋아하는 것은 경상도의 기질에서 비롯된 것입니다. 경상도의 전통을 따른 것입니다. 그냥 경상도적인 모습이라 하겠습니다. 그 타고난 버릇을 누구에게 주겠습니까. 고향에 계신 여러분들이 거두어 주셔야 합니다. 앞으로 지역의 전통을 이어가고 지역에 전국의 국민이 찾아오고, 여러분의 자녀들이 본받아서 지역의 전통을 지키고, 이어갈 수 있도록 하십시다. 타지역에서 오시는 국민이 경상도 중 특히나 정신의 수도인 안동을 즐기도록 해야 하겠습니다. 안동이 갖고 있는 유가의 전통과 독립운동의 산실이었던 전통까지를 잘 알 수 있도록 체험학습의 장이 되도록 합시다. 타지역과 폭넓게 교류하는 기회가 많아지도록 하셨으면 합니다. 정신의 수도가 살면 나라의 정신도 살아납니다. 이 얼마나 좋습니까. 아무쪼록 경상도 안동이 고향인 이재명 후보가 전통을 지키며 잘 사는 지역으로 거듭날 수 있도록 하는데 결정적인 계기가 되었으면 합니다. 이재명 후보를 감히 대신하여 검정고시 선배이자 필자인 이호림이 고향 어르신분들께 당부 삼아 말씀드립니다.

  어르신 여러분들도 이재명의 이와 같은 성장 과정만큼은 부정하지만은 않으실 것입니다. 인정하지 않는 분들이 있다면 재차 고합니다. 여러분들은 자라면서 몇 사람들만 빼고는 책 읽기를 권장 받지 못하고 자란 불행한 세대에 속합니다. 해서 타고난 일부의 사람들을 빼고는 일상의 사고의 틀은 편애와 편식에서 벗어날 수가 없었던 것은 어쩔 수가 없었겠습니다. 결국은 빨리 가는 세상의 속도를 따라잡을 수가 없으니 퇴보할 수밖에 없었고, 시기와 질시 속에서 우물 안의 개구리로 살아갈 수밖에 없었던 것이지요. 설 지식인과 몰염치 있는 자들의 광기에 마구 휘둘려 오면서도 아무런 거부도 저항도 하지 못해 왔습니다. 촌부의 전형적인 모습이라 하지 않을 수가 없습니다. 제대로 대응도 하지 못한 채 숙명이겠거니 하고 어쩔 수 없는 삶을 살아올 수밖에 없었습니다. 따라서 같은 처지의 만만하였던 이재명 후보만 갖고 야단이었습니다. 이제 뒤늦게라도 여러분과 같은 처지였던 서민 출신의 민중인 이재명이 대통령 후보로 나섰습니다. 서로가 함께 희망할 수 있는 세상을 만들며 살아갈 수 있도록 하십시다.

민초인 민중이여 일어나라! 이제는 민중이 주인 되는 세상이다.

한 개인에 대하여 잘 알지도 모르면서 무조건 욕설부터 하는 것은 실은 천박함의 일종인 시기심에서 비롯하는 것입니다. 저쪽에서 설 배우거나 있는 자들에게서 매 맞고 화풀이는 이쪽 이재명 후보에게 하는 꼴입니다. 서민 여러분! 제발 나머지 삶이라도 제대로 살아볼 수 있도록 지금이라도 깨어나 주십시오. 우리의 속담에 그 집 하인이 더 밉다고 하였습니다. 같은 어려운 처지의 누군가가 어려움을 딛고 일어나 모두를 위해 나섰다면 반겨서 함께 해야 합니다. 나라 살림이 중요하니 행정과 경제를 잘 아는 그를 도와서 힘을 보태야 하는 것이 이치입니다. 힘없는 서민이면 더욱 그리해야 합니다. 비로소 그동안에 설움을 준 설 배운 자와 염치없이 누리는 자들의 억압에서 벗어날 수 있어야 합니다. 이재명 증후군은 앞으로 민중 중에서 개천에서 용 나듯하는 사회가 다시 재현되는 것을 뜻합니다. 여러분 자녀들에게도 이런 사실이 본보기가 되어 이어갈 수 있었으면 얼마나 좋겠습니까. 어르신 여러분! 나만이 아닌 우리 아이들의 미래를 위합시다. 꽁한 마음은 일제히 펴시고 개천의 용이 될 이재명 후보를 다시 한번 살펴보실 수 있도록 하십시다. 여러분이 악다구니 넘치게 지적하는 부정축재 운운은 단호히 없습니다. 상대 쪽의 억지와 정치적인 박해에서 비롯하였습니다. 그렇게 많은 시간을 샅샅이 뒤져도 나오고 있지 않잖습니까. 똥 싼 자가 화부터 내는 형국이라 보시면 되겠습니다. 상대방이 순전히 정치적인 의도에서 만들어 놓은 것에서 불과합니다. 보셔서 알겠지만 괴수 윤석열은 죽이려고까지 하지 않았습니까. 우리 사회에는 법이 엄연히 존재합니다. 법에 맡기시고 악다구니에서 빠져나오십시오. 이제 마음만 제대로 펴면 이재명의 진실과 진정을 고스란히 느껴보실 수 있습니다. 서민인 민중들이시여! 우리의 어려운 정서를 잘 알고 있는 사람을 도와서 국가의 힘을 일으키고, 모두가 덕을 볼 수 있도록 합시다. 모두가 원하는 균형 있고, 공정한 사회를 만들어 갑시다. 이재명에게는 슬기로운 혜안이 있다고 말씀드렸습니다. 특히 경제와 행정을 잘 압니다. 빚에 허덕이던 성남을 재정자립도 전국 1위의 도시로 만들었음이 이를 증명합니다. 이재명은 AI 시대도 준비해 갖고 있습니다. 이번에 계엄의 위기에 대처하는 모습을 보셨지 않습니까. 순발력과 대응력도 개인 최고의 구독자 120만 명이 함께하였습니다. 이것은 시대 추이에 빠르게 적응하고 있다는 또 하나의 증표입니다. AI 시대를 너끈히 이끌어 갈 자세이자 능력이라고 봐야 하겠습니다. 안동 벽촌에서 태어나 오늘과 같이 한나라를 책임질 수 있는 반열에 오른 것은 다 이렇게 쌓아온 사실들이 잘 말해줍니다. 아무쪼록 이재명을 앞세워 설 배우고 맘껏 누리는 자들의 억압에서 벗어납시다. 우리 서민인 민중 모두가 주인 되는 세상, 압제의 등쌀에서 벗어날 수 있는 일대의 계기를 만들어 갑시다. 서민 민중이 제대로 대접받는 세상을 대동 사회라고 합니다. 사람이면 누구라 할 것 없이 인격적으로 존중받으며 함께 어울리는 건강한 사회를 말합니다. 하다못해 애완동물에서 선호식물까지도요. 이재명 후보는 못 배우고 없는 자들의 한숨을 아는 사람입니다. 없는 자와 특히 우리 노인세대를 적극적으로 대변할 수 있는 유일한 사람입니다.

 이제 때가 되었습니다. 진영에 매몰되어 싸움만 하는 것을 이제 끝내도록 합시다. 어렵사리 나라가 시행하는 복지혜택을 받는 어르신들이여, 그 돈을 노리는 선동꾼들과 사이비 종교인들의 꾐에서 일제히 빠져나오십시오. 특히 박정희와 박근혜 전 대통령을 열렬히 지지하였던 분들은 더 두 말이 없어야 하겠습니다. 그녀 박근혜를 가혹하게 수사해서 탄핵을 유도하여 감옥에 쳐넣었던 장본인입니다. 그 작자 또한 탄핵되었습니다. 여러분 괴수 윤석열을 계속 지지한다는 것은 이중인격자와 같습니다. 그와 같은 이중 잣대의 논리가 성립하는 나라에는 희망이 없습니다. 노무현의 깨어 있는 사람들의 단합된 행동을 기억합시다. 서민이자 민중의 표상이 될 이재명을 앞세워 다시 희망과 함께 민족적인 웅비를 만들어 갈 수 있도록 하십시다. 활력과 꿈이 샘솟는 국가, 우리 민중들이 앞장섭시다. 우리 서민이 단합하여 곧 민중이 주인 되는 시대를 앞당겨 나갈 수 있도록 합시다.

*

필자는 민중으로만 살고자 나름 노력하였습니다. 출발하는 시점의 있는 대로의 민중적인 삶이 좋았고, 민중 여러분과 함께 어깨를 나란히 해오면서도 좋았습니다. 중학교를 졸업한 뒤부터는 학교사회의 이중성 때문에 정규과정을 나름 절연하고서 검정고시로 대신하였습니다. 방송통신대 경제학과도 1년 휴학으로 끝냈습니다. 민중 그대로 남기 위해서였습니다. 다만 이 1년은 원고를 읽고, 책을 쓰는 데 있어 전문용어를 제대로 모르니 이를 만회하기 위한 일환으로 입학해 봤을 뿐입니다. 민중은 언제나 민중적인 정체성을 유지하며 민중과 더불어 어깨를 나란히 할 수 있어야 합니다. 배워서 민중을 이해하려 한다는 태도는 그 자체가 기만이라고 생각합니다. 돈 벌어서 좋은 일을 한다는 말도 같다고 생각합니다. 가진 사람들의 야박함은 모두가 익히 압니다. 배운 자의 상징인 서울대 출신 일수록 나라와 주위를 어지럽히는 폐해는 너무 많이 볼 수 있었습니다. 언제인가부터 우리 민중의 삶과는 멀어져 있습니다. 특히나 법대 출신들이 더욱 그렇습니다. 좋은 사람은 배우고, 있고와 없고는 아무 상관이 없습니다. 평소에 사람 냄새가 나야 합니다. 따라서 언제나 민중의 범주를 벗어나지 않기 위하여 조심하였습니다. 신분 상승을 위한 계책에도 경계를 하며 살아왔다는 점을 솔직히 말씀드립니다. 사람은 외우는 지식만으로 깨우치는 사람이 되기는 쉽지 않습니다. 실천을 하지 않고 편하게만 사는 삶을 추구하기 때문입니다. 필자는 중학교 과정에서 선생님의 공정하지 않은 지시에 따르지 않았습니다. 결국은 그것이 화근이 되어 자퇴까지 하고 말았습니다. 이후부터 배운 자들의 기만적인 행동들에 대하여 기겁하며 살아왔습니다. 의도성이 많이 보였습니다. 이때부터 일관되게 민중적인 삶에 대하여 관심을 가졌고 출판도 여기에 중점을 두었습니다. 앞으로 나머지 삶도 그렇게 민중과 함께 어우러져 살겠습니다. 민중적인 모습으로 살다가 아무런 유감없이 떠나도록 할 것입니다.

3.
300만 검정고시인에게 고합니다.

※※※

 전국의 검정고시인 여러분 안녕하십니까. 저는 전국 검정고시 총동문회 제3대 회장을 지낸 이호림입니다. 이렇게 지면으로나마 인사를 드리게 되어 반갑고 기쁩니다. 나름 여러분도 어느 정도는 아시고 계시겠지만 우리 검정인이 전국에 300만 명에 이른다는 것이 중론입니다. 1989년에 전국 검정고시 총동문회가 설립된 것은 이들 전국에 흩어져 있는 검정인들의 힘과 구심점이 되어주어야 한다는 필요에 따라 만들어졌습니다. 제1대 회장이셨던 박영립 변호사는 지금도 변함없이 변호업무에 매진하는 것으로 소식을 듣고 있습니다. 제2대 회장이셨으며 어르신의 모습을 간직하셨던 건축사 김형석 회장님은 아깝게도 이른 나이에 세상을 떠났습니다. 뒤를 이어 1996년 필자가 회장을 이었는데 그때가 무척 그립습니다. 무엇보다도 창립 초기에 고정 사무실이 없어서 강남에서 필자가 사는 강북으로 사무실을 옮겨 유급 사무처 직원을 고용하였었습니다. 물론 검정고시 출신 후배가 맡았고요. 그리고 그때는 의욕도 있었던지라 전국 지부의 설치와 함께 동문회 수첩에다 동문가까지 만들어 기초를 다지는 일에 전념하였었습니다. 아울러 동문회를 알리는 방법을 겸해서 지역 동문을 만나는 행사를 기획하였었는데 그날만큼은 전국의 명산을 찾아 등산을 겸하였습니다. 자연환경 살리기와 정화 운동도 함께 펼쳤습니다. 등산을 하면서 쓰레기를 치우는 일이었고요. 지금도 기억나는 곳이 첫째로 전남 승주 조계산이었습니다. 다음으로는 대구 팔공산 등정입니다. 필자는 다음 회장으로 동문회의 위상과 발전을 제고하기 위해 검정고시 출신 정치인 동문을 영입해 동문회를 이끌도록 하였었습니다. 지금은 시간이 많이 지나 동문회 자체의 돌아가는 정황은 잘은 모릅니다. 최근에는 예비역 3성 장군이 동문회를 맡아 이끄는 것으로 알고 있습니다. 기대가 큽니다. 물론 대개의 동문회라는 것이 동문 간의 친목을 도모하는 것이 먼저입니다. 다만 검정고시인 만큼은 이것을 기본으로 하면서도 여느 동문회와 다르게 특별하게 신경을 써야 할 것이 따로 있다고 생각하였었습니다. 이는 지금도 마찬가지라고 봅니다. 무엇보다도 동문들이 공동체적인 어울림이 적다 보니 주변과의 교류가 그만큼 적습니다. 지금도 이 점을 동문회가 특별히 신경 써야 한다고 봅니다.

우리 동문이 영광스럽게도 차기 대선 후보로 나섰습니다.

이재명 동문입니다. 그것 자체로 우리 동문들의 영광이 되겠습니다. 동문 여러분! 이재명 동문을 두 손 들어 반갑게 맞아줍시다. 고난의 삶을 영위하였지만 그리고 사회의 비주류로서 이를 물리치고 대통령 후보직에 오른다는 것이 어찌 쉬웠겠습니까. 무조건은 아니더라도 전국의 동문 여러분이 환영합시다. 결과에 상관없이 대장정의 마침표를 무사히 건널 수 있도록 격려를 아끼지 맙시다. 또 이와 같은 과정을 통해서 동문회와 여러분도 함께 외톨이로 살아왔던 삶을 이겨내도록 합시다. 향후 자신감 있는 삶으로 바뀌는 귀중한 계기로 삼도록 합시다. 그리고 뭔가 가치를 잃어 가기만 하는 우리 국가 사회에 탄력을 되찾는 기회가 될 수 있도록 합시다. 그런 후에 이 사회에 중심 세력으로도 거듭납시다. 검정고시인에게는 누가 엿보지 못하는 고무적인 정서를 갖고 있습니다. '할 수 있다'와 '실천력'이 그것입니다. 이를 우리 사회 구석구석에 고루고루 펼쳐 대세가 되도록 합시다. 그리고 더 없는 정다운 이웃이 되어 주도록 합시다. 아무쪼록 동문회가 국가 사회의 중추세력으로 커질 수 있도록 동문 간에 단합하는 계기가 되었으면 좋겠습니다. 따라오는 후배들의 길을 터주고 기반을 만들어 주는 것은 선배들의 의무입니다. 동문 여러분 이번의 기회가 우리 동문 모두가 거듭날 수 있는 절호의 계기가 될 수 있도록 힘을 내도록 합시다.

4.
경상도민 여러분! 그리고 종교인과 태극기 여러분에게도 고합니다.

***

1. 경상도민 여러분!

여러분은 여러분이 살고 있는 지역의 자랑스러운 전통을 지켜주십시오. 그래야 이 나라를 비로소 바르게 지켜갈 수 있기 때문입니다. 우리에게 입고 먹을 것을 마련해 준 경남 산청의 문익점 선생과 덕산 남명 조식 선생, 나라를 구해낸 곽재우 장군에 이어 의령의 백산 안희재 선생과 밀양의 김원봉 장군, 안동의 거두 퇴계 이황 선생과 독립투사이자 시인인 이육사 선생의 구국정신을 지켜주십시오. 이 나라의 정신이자 나아갈 방향의 모범으로 삼아야 합니다. 경북 안동의 상해 임시정부 초대 국무령 이상룡 선생과 김동삼 장군까지 그리고 무엇보다 빼앗긴 나라를 되찾는 힘을 기르기 위하여 수백 명이 함께 망명을 하기까지 이 모두가 대단한 결심이 아니었겠습니까. 이 뜻이 경상도에서 다시 꽃펴서 국민 속에서 계승되어야만 하겠습니다. 이와 같이 경상도에는 다른 지역과는 크게 다르게 역사적인 보배들이 가득합니다. 경상도는 여러분이 누차 강조하듯이 대한민국 정신문화의 수도입니다. 이에 대하여 저는 두말이 필요치 않아서 절대적으로 동의합니다. 전통에 따른 권위주의적인 살핌의 고루함이 다소 없을 수는 없겠지만 이 또한 대수가 아닙니다.

하지만 무엇보다도 지금 시점에서 꼭 살펴보실 것이 있습니다. 무엇보다도 경상도 전반과 대표적인 도시인 대구와 부산의 재정자립도가 매년 악화 추세를 보이고 있습니다. 당연히 지역민 모두의 살림이 살기 어려운 것은 다 이런 이유가 있는 것이겠지요.

하지만, 공교롭게도 여러분들은 매번 감옥을 가는 대통령만 골라서 찍었습니다.

지역의 강점인 윤리와 도덕이 강고하게 내려온 전통과는 참으로 어울리지 않는 작태로서 실망스럽습니다. 대통령 5명 누구라도 예외가 없었습니다. 배출지역으로서는 너무나 창피한 일이라 하겠습니다. 이번 대선에서도 여론을 능멸한 명태균의 도움을 받은 후보들이 큰소리를 쳐도 괜찮겠습니까. 이들은 여러분의 도움으로 경상도의 표는 받을 수 있을지 모릅니다. 그러나 그 외 전국의 표는 받기가 사실상 힘들어졌습니다. 여기에는 여러분의 지역과는 상관이 없던 괴수 윤석열이 계엄이란 망상적인 난동으로 원체 개판을 쳐놓았던 이유가 큽니다.

경상도민 여러분!

나는 이런 세상 대통령들이 감옥에 가든 안가든 상관이 없다. 지역의 전통과 잘못되었어도 괜찮다. 어차피 나와 상관없다. 나는 내 길을 간다는 생각을 갖고 계시지 않나요.

이렇게 생각하는 분들 때문에 지역의 다른 분들이 피해를 보고 나라 전체가 피해를 본다는 사실을 아셔야 합니다. 특히나 자라나는 아이들을 생각하셔야지요. 문제인 이유는 두 가지입니다. 하나는 감옥에 가는 대통령만 찍는 어르신을 다 이해하지 못한다는 점입니다. 다른 하나는 이렇게 여건이 안 좋은 상황에서 여건이 더 좋은 타지역 아이들과 경쟁을 할 수가 없다는 점이지요. 이렇게 만드는 우리나라의 가장 큰 문제는 정치꾼들입니다. 거기에는 이들 정치꾼을 따져보지 않고 찍어주는 지역의 몰표가 가장 큰 역할을 합니다.

필자는 서울 태생의 출판인입니다. 우리나라 전 지역을 가급적 객관적으로 볼 수가 있습니다. 서울과 경기도가 아무리 잘 나가도 경상도와 호남이 불편해지면 나라는 그만큼 어려워집니다. 아시다시피 많은 대통령들 중 대부분이 경상도 출신이었습니다. 경북이 5명, 경남이 3명입니다. 하지만 이들은 경상도의 재정, 즉 살림을 외면해 왔습니다. 지역의 재정자립도가 낮은 것이 이를 증명합니다. 재정자립도는 많은 시간을 두고 오르고 내리게 됩니다. 하루이틀사이에 벌어질 수가 없는 것입니다. 여러분이 속은 것이나 매 마찬가지입니다.

　재정자립도가 낮은 것은 몰표 주기와 지역에서 배출한 정치인들의 무능에서 비롯합니다.

　호남과 영남의 문제가 무엇인지 아셔야 합니다. 거듭 말씀드립니다. 재정자립도가 낮아진 이유는 정치 논리에 매몰된 지역의 정치꾼들 때문입니다. 지역이 몰표에 볼모로 잡혀 있어서입니다. 몰표를 받는 후보는 그 자체로 경쟁력이 없습니다.

　묻습니다. 지역의 살림이 중요합니까. 아니면 지역을 제때

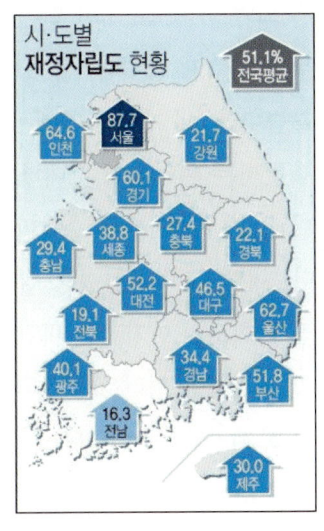

챙기지 못하는 무능함이 중요합니까. 지역민들도 다는 몰랐을 것입니다. 그간 '우리가 남이가'에 동조하다 보니 어쩔 수 없이 몰표로 화답할 수밖에 없었기 때문입니다. 민주주의 국가의 선거에서 어떻게 공천만 받으면 당선된다가 성립될 수 있다는 말인가요? 몇 석도 아니고 대량으로 말입니다. 이것은 정치 후진국에서나 있는 일입니다. 알고 보면 영남과 호남은 대표적으로

정치 후진지역과 같습니다. 정당도 중요하지만 더 중요한 것은 후보의 됨됨이입니다. 따질 건 따져보고 나의 표를 주셔야 합니다. 그래야 지역의 재정을 비로소 챙기고 지속적으로 재정을 일으킬 수 있는 근거가 되는 것입니다. 그래야 살림이 더 나아집니다.

몰표 주기는 다음과 같은 폐단을 낳습니다. 결국 감정 풀이는 되었을지 모르지만 연이어 지역의 모든 분야에 파급되어 모두가 어렵게 됩니다. 몰표 주기는 어찌 보면 바보짓하는 것과 같습니다. 세 가지 측면에서 그렇습니다.

첫째는 여러분이 고대하는 민주주의 사회가 아니라는 점입니다. 민주주의를 허수아비쯤으로 아시는 것과 다름이 없습니다. 어떻게 이성이 아닌 감정에 치우쳐서 선거행위를 하고 선진 사회로 나아가기를 바랄 수 있겠습니까. 이와 같은 몰표 주기는 결국은 여러분의 살림살이와 지역의 발전을 어렵게 만드는 요체가 될 뿐입니다. 따라서 민주주의와 지역의 발전을 더디게 하는 몰표 주기에서 빠르게 벗어나 주십시오. 정당만이 아니라 소신 있는 인물을 찾아서 표를 주시도록 하십시다.

둘째는 지역의 살림살이 지표인 재정자립도는 점점 더 악화할 것입니다. 경쟁 없이 몰표를 받은 정치인은 뽑아준 지역은 요식행위입니다. 중앙의 몇 사람만을 위해서 뛸 수밖에 없습니다. 이는 표면으로 봐서는 거기서 거기 같지만 긴 시간을 두고 저울질하게 되는 재정자립도의 순위는 계속 내려갈 수밖에 없는 것입니다. 그 결과는 경상도가 17개 시도 중에서 순위 바뀜 등 다른 지역에 비해서 하향 속도가 더욱 빠르다는 사실입니다.

셋째는 자라나는 청소년의 앞날입니다. 몰표는 어른들이 주는데 피해는 우리 아이들이 받는다는 것입니다. 몰표가 시정되려면 앞으로도 상당한 시간이 더 걸릴 것이니 어찌합니까. 필자가 나름 걱정하는 것은 청년 세대가 이미 지역을 떠났습니다. 지금 고향에서는 어른들을 모시고 사는 아이들은 초·중·고생들입니다. 아이들은 학교에서 민주주의를 배웁니다. 그런데 배운 것과는 달리 어른들의 몰표 주기가 일상입니다. 그것도 감옥에 가는 대통령들만 뽑습니다. 아이들의 심성이 좋아질 수 없게 되는 것이지요. 결국은 이 아이들도 언제인가 희망을 찾아 살던 곳을 떠날 수밖에 없습니다. 아이들도 보는 눈이 있어 답답한 지역에 머물 수가 없기 때문입니다. 이는 집안의 어른들이 아이들을 타지로 내쫓고 있는 경우와 같습니다. 제발 고향을 떠나지 않도록 아이들을 챙겨주는 어른들이 되십시오. 아이들이 있어야 가정과 지역사회가 삽니다. 재정자립도가 높아져야 할 이유입니다.

2. 종교인 여러분!

종교인 여러분들을 존중합니다. 각박한 세상살이에서도 여러분이 계셔서 어려운 이웃들이 그나마 의지하면 살아가는 점을 잘 알고 있습니다. 그런데 언제부터인지 이 나라에는 종교를 빙자하여 기업이라도 움직이는 듯이 종교나 교회를 왕창 키워가는 것이 대세가 되었습니다. 필자가 알기로는 이와 같은 현상은 세계에서도 별로 없는 일이라고 듣고 있습니다.

대낮에 교인들이 패싸움하듯이 광장에 나와 싸움하기를 주저하지 않습니다. 이것을 어떻게 보아야 하겠습니까. 이는 예전의 종로거리를 활보하며 지역의 상권을 장악하려 하였던 패싸움 무리 깡패들과 무엇이 다른지요. 여러분들은 말씀마다 하나님의 말씀을 세상에 그리고 이웃에 설파해야 한다고 하십니다. 자라나는 아이들에게는 본이 되어주어야 할 여러분들이라고도 하셨습니다. 좌파가 거리를 휩쓰니 우리도 나선다 하면 되는 말인지요? 치국을 엉터리로 하는 대통령이 있어서였습니다. 보세요. 또 교도소에 갔고 또 탄핵되기도 하였습니다. 이런 정치 깡패들을 양식인임을 자처하는 여러분들이 왜 두둔하고 보호합니까. 제발 참 종교인들답게 본분을 지켜주십시오.

어떤 경우라 하여도 거리를 난장판으로 만들면 안 됩니다.

일반이 아닌 종교인 여러분은 좀 더 성숙한 자세로 숙고하시면서 뜻하는 바를 관철시켜 나가셔야 합니다. 경전과 찬송은 왜 알고 노래합니까? 그리고 언어적으로 회개하라는 성찰적인 말씀도 전용 어휘로 쓰고 있지 않으십니까. 여러분은 물리적이지 않으며 사회 전반이 지속적으로 성찰해 나갈 수 있도록 기도하며 모두의 안녕을 빌어주셔야 합니다. 충분한 힘도 갖고 있지 않으십니까. 상대가 뛰니 나도 뛴다고 하면 그것은 난장판에 가세하는 것과 다름이 없습니다. 여러분이 할 행동거지는 분명히 아닙니다. 초연히 자리를 지켜주셔서 사회 안에 희망세력이 되셔야 합니다. 결국은 여러분의 판단에 경의를 표합니다. 전체 사회는 그만큼 안정을 찾을 수가 있게 됩니다. 불안한 사회를 진정시켜 주십시오. 모두가 안심하고 살 수 있는 사회가 되는 것은 여러분의 정중동 자세에서 비롯합니다.

당부를 드립니다. 제발 거리로 나오지 마십시오. 더욱이 누구의 편이 되어 정치 자체를 더 어지럽히지도 마십시오. 나아가 아녀자들을 꾀어서 재물을 취하고, 시위대로 거리에 내모는 짓은 더더욱 하지 마시기 바랍니다.

3. 태극기와 성조기를 든 여러분!

여러분은 일부를 빼고 개인적인 삶은 모두가 어렵습니다. 역사는 힘 있는 자들의 농간으로 얼룩져 왔음을 잘 아실 것입니다. 여유 있는 자들이 진정한 의미에서 보수적이지 못함에서 연유합니다. 지칠 줄 모르는 욕망 때문입니다. 즉 다시 말해 근간인 자유민주주의적이지도 않고 극우 쪽으로 변하고 있는 까닭에서입니다. 이들의 앞에서 농간을 부리는 자 양심적인 종교인이라고는 할 수 없는 사람들입니다. 기업가적인 자세를 갖고 교회를 앞세워 사회를 마구 교란하는 것을 자주 볼 수 있습니다. 물론 최종에는 그들의 목표인 교회국을 만들려 하고 있는 것 같기도 합니다. 하면 극우 태동의 예비 동작이라고 보아야 하겠습니다. 이들은 위험한 파쇼의 전형적인 모습을 역이용하고 있습니다. 소위 말해서 이들 또한 세상을 자기 마음대로 하고 싶은 패권이라는 것을 잡으려 하고 있는 것이지요.

자충수가 된 이번 계엄령도 똑같아서 괴수 윤석열도 그러자고 수작한 것이고요. 감옥행과 탄핵도 되었잖아요. 지금 전국을 무대로 하나님을 모독하고, 예수님의 이맛살을 찌푸리게 하는 몰상식한 종교인들이 다 그런 것으로 보입니다. 예수님은 자기들 필요에 의해 단지 1회성으로 이용거리로만 삼고 있을 뿐입니다. 죄악을 범하고 있는 것이지요. 알고 보면 믿지 않는 저희보다 더 무서운 사람들 즉 타락한 집단으로 변화되어 가고 있다고 해야 하겠습니다. 항간에는 서울파와 부산파가 대립하는 양상으로 바뀌고 있다고 들었습니다. 깡패집단들과 같이 영역싸움을 하는 것으로 보입니다. 누구를 구원한다고요. 어림없는 소리입니다. 주객전도와 같이 하나님과 예수님을 물건이라도 되는 양 흥정을 하는 작자들입니다. 마구마구 팔아대면서 세상을 이렇게 농락하니 어느 누구라도 참 어이없어하게 마련입니다.

진정 하나님과 예수님은 이런 모습을 원하지는 않았을 것입니다.

대한민국에 이와 같은 현상이 요즘 따라 더욱 기승을 부리며 급속도로 팽창하고 있습니다. 태극기 여러분들이 이들의 얕은

술수에 넘어가 호응할 때가 많습니다. 지금 거리를 보세요. 악다구니가 넘칩니다. 하나님을 빙자하고 예수님을 팔아서 도무지 감당하기 어려운 상황을 만들어 놓고 있습니다. 이들 앞에서 민주주의의 뿌리가 되는 법치는 죽은 지 오래입니다. 여러분이 조금만 사리를 분별하면 옳은 세상을 만들어 갈 수 있는데 그러하지 못하고 있음이 안타깝습니다. 솔직히 필자와 같은 세대로서는 처연하고 답답하기 그지없습니다. 우리 한 번쯤 이 기회에 냉정하게 이와 같은 천박하고 미천해진 세상에 대하여 생각해 보도록 하십시다. 감옥에 갔고 탄핵당한 자를 두둔할 자격은 누구에게도 없습니다. 그 자체로 내란행위입니다.

5.
안동시 예안땅, 개천에서 용 났다.

***

경상북도 안동시 예안면 도촌리

이재명 후보의 고향은 멀었다. 이곳 서울에서 고속버스 편으로는 멀었지만 무엇보다 멀게 느껴진 것은 안동 현지에서였다. 교통편이 형편없었기 때문이다. 그곳이 역사적으로 유서가 깊은 곳과 인물이 많이 났다는 것으로만 결부시키면 그 기대가 바로 깨진다. 현지에는 안동 시내와 경북도청이 있는 곳 그리고 새로 지은 안동역사와 버스터미널 그리고 안동 시내 말고는 교통편 자체가 없는 것과 같다. 이 글 중 지금과 다음장 '경상도와 안동시 다시 보기'까지는 나열하는 곳의 대부분이 청소년이 체험 학습장으로 수련해야 할 도장과 같은 곳임에도 그렇습니다. 이와 같은 면으로 볼 때 안동시는 특별하게 국가적으로 보호받아야 할 곳으로 나는 본다. 수자원 보호구역으로 묶여 있는 사정을 감안하여도 중앙정부가 편애 없이 지역의 발전을 돌봐줘야 한다고 본다. 안동터미널에서 예안까지는 두·세 시간

간격을 두고 버스 편이 있을 뿐이다. (참고로 안동시의 면적은 1520.91km² 로 서울 면적에 비해 2.7배 가량 넓다.) 최종 목적지인 이재명 후보가 태어난 곳 도촌리까지는 그 두·세 시간 중에도 막상 가는 편은 또 제한된다. 하루에 두·세 편이 전부이다. 이는 우리에게 잘 알려져 있는 동네 퇴계 이황 선생이 모셔져 있는 도산면의 도산서원 행도 매 한가지이다. 다만 자가용이 있는 사람들에게는 언제나 예외일 수 있다. 안동지역의 강점인 역사성에 더하여 출중한 인물에다 풍광까지 좋으니 편안한 마음으로 들러보는 데에는 두말이 필요 없겠다. 하지만 차가 없는 일반인과 현지에 사시는 분들은 그저 세상과는 담 쌓고 사시는 모습이라 해야 하

는 것이 맞다. 이번 여행의 첫날은 교통편이 맞지 않아 수소문 끝에 예안면 소재지 정산에 들어가 1박하기로 하였다. 이미 택시요금 5만원을 지불한 뒤였다. 면사무소에 통화하니 여관은 없고 민박을 하는 곳이 있다고 해서 소개를 받고 하룻밤 쉬어 가기로 하였다. 안동 시내에서 사전에 여론을 들었다. 택시 기사분도 안동에 온 사유를 얘기하니 친절하게 말씀해 주셨다.

　이번 글에서 중시하는 예안면은 원래 안동시 권의 중심지였다. 현재의 예안이란 지명을 얻게 된 것은 고려 때 예안현으로 불리면서부터이다.

　예안은 낙동강과 함께 강 상류 쪽에 명산 청량산으로 둘러쳐져 있어 산수가 수려한 곳이다. 하지만 1976년 낙동강에 다목적 안동댐이 만들어져 예안의 많은 지역이 수몰되면서 예전의 영화는 잃었다고 볼 수가 있다. 수자원 보호란 대의가 있었지만 지역은 상대적으로 그만큼 파괴된 것이나 다름없다. 특히 예안면이 안동시의 중심지에서 소외지역으로 바뀌어 가장 큰 피해지역이 되었다.

어린아이적 이재명 후보와 하나가 되어 걸어보다.

　민박집에서 식당을 겸하는 주인분의 덕으로 저녁을 해결하면서 지역의 현안까지를 구체적으로 물어서 들을 수 있었다.

이재명 후보가 성남시장으로 재직할 때는 예안면의 초등학생들을 성남시로 초대하였었다고도 하였다. 도촌리 행 버스는 아침 6시 40분에 있었다. 일찍 자야 하였다. 잠자리가 넓고 따뜻해서 좋았다. 아침에 정확히 일어나야 하니 바깥으로 문자를 해서 깨워 달라고 부탁해 두었다. 아침 깨움에 일어나 부리나케 씻고 나가니 버스가 정류장에 대기하고 있었다. 2월의 날씨는 싸늘하였다. 하루가 이르니 아침은 해결할 수가 없다. 오늘은 버스로 이재명 후보가 6년간 다닌 삼계리의 삼계 초등학교까지만 같다. 거기서부터는 걸어 이 후보가 살았던 마을 도촌리의 집터까지 걸어가 보기로 하였다. 어린아이적 이재명 후보가 되어서 흥미를 앞세워 재현해 보기로 한 것이다. 8킬로를 지나 버스에서 내리니 길 아래 오른쪽으로 학교가 거기 있었다. 2층 교사였다. 학교 벽면에 월곡 분교 삼계 초등학교로 표기되어 있었다. 우선은 무엇을 떠나 먼저 반가웠다. 학교가 외벽에 학교명과 함께 도색이 곱게 잘 단장되어 있었는데 예뻤다. 휴대폰으로 찍었다. 아담한 크기의 운동장에는 느낌으로도

오래되었을 느티나무류와 소나무가 냇가 쪽과 단상 주변으로 줄지어 있었다. 밑동이 튼실하게 보였다. 휴대폰에 그 장면들을 연신 담았다. 학교 주위를 더 둘러본 후 길 위로 올라와 마을을 보았다. 호수는 몇 안 되는 듯이 보였는데 예전에는 이곳이 읍 소재지이었다고 한다. 지금의 학교명도 당당하였던 삼계초등학교였는데 지금은 분교로 바뀐 처지였다. 동네 이름을 삼계리라 부르는 것은 세 군데의 계곡에서 내려오던 물이 이곳에서 합쳐져 하나로 흐른다고 해서 붙여졌다고 한다. 물론 계곡에서 내려온 물이라 물살이 그만큼 빨랐다. 낙동강으로 흘러들어가는 원수격이다. 정겨운 학교와 마을 보기를 끝내고 오른쪽 도촌리 집 방향으로 몸을 틀었다. 도촌리 마을까지는 3킬로쯤이 된다고 어제 면사무소에서 안내를 받아 놓은 것이 있었다. 냉큼 앞으로 나아갔다. 아침 공기가 냉랭하였다, 마을 분들은 그 누구도 보이지 않는다. 산골의 냉기가 온몸을 에워싼다. 어느 만큼 걸어간 후 일단은 서서 앞을 보았다. 길 양쪽으로 우뚝하게 솟은 높은 산이 그야말로 앞을 턱 가로막고 있었다. 길은 산을 끼고 돌아갔으니 더 이상 보이지는 않는다. 규모가 작지 않은 다리가 먼저 반겼다. 별로 예사스럽지 않게 생각하고 다리 위로 올라섰다. 그 순간이었다. 몸을 움츠리게 하는 뭔가가 먼저 밀착해 왔다. 그리고는 몸에 싸한 기운이 한 차례 돌았다. 이내 맨 얼굴에 밀쳐드는 공기가 매우 냉랭하였다, 일순간이었다. 재빠르게 옷매무새를 가다듬었다. 뭔지 각오라도 해야

하는 것이 긴장감까지 들게 하였다. 그랬다. 그런 중에도 아직도 오가는 사람은 없었지만 초행길의 흥미만큼은 새록새록 그대로 넘쳐나 있었다. 굽이굽이 굽은 골을 따라 전진 일변도로 나아갔다. 초행길에 산간벽지의 싸한 골 길은 생소해서인지 긴장하게 하였다. 주변의 빼어난 자연경관이 넘쳐났지만 한 치도 두리번거려 볼 수 없게 만들었다. 그러기를 20여 분 정도 빠른 걸음으로 오르고 내렸다. 또다시 폭이 있는 냇가와 함께 다리가 나타났다. 다리 자체가 3거리 격이다. 앞쪽으로의 직진은 신남리 쪽이고 오른쪽 다리 행은 도촌리로 가는 길이었다. 1킬로를 가리키고 있었다. 신남리와 도촌리로 가는 길들이 뱀 꼬리 감추듯 시야에서 일제히 사라졌다. 높은 산 속으로 빨려 들어가서 흔적도 보여주지 않았다. 세워진 이정표를 다시 보았다. 팻말에 도촌리로 가는 곳이라고 확연하게 쓰여 있었다. 기념사진을 찍어두려 하였다. 하지만 휴대폰이 작동을 하지 않았다. 망설임 없이 다리를 냉큼 건넜다. 그런데 아이쿠! 이를 어쩌나. 다리를 건넌 후가 또 달랐다. 순간 몸이 오싹해지고 떨리기까지 하였다. 어찌할 바를 모를 정도로 추위와 냉기가 엄습해 왔다. 지금까지의 다소의 여유와는 또 달랐다. 추위는 일순간에 상황을 반전시켜 놓았다. 전신에 파고드는 냉기가 장난이 아니었다. 어렵지만 마을을 향해 100여 미터 더 전진해 들어갔다. 냉기는 점점 더 예리해졌다. 바람이 앉은 냉찬 공기가 온통 얼굴을 따끔하게 자극하였다. 잠시 후에는 냉기의 주범을 알 수가 있었다. 조용히 이는 칼바람에 얹혀 매 차진 공기는 저 앞 도촌리로 가는 골로부터 불어나오고 있었다. 더는 앞으로 나아갈 수가 없었다. 시린 얼굴로 저만치 150여 미터 앞을 내다보았다. 길 양쪽으로 나눠진 산세가 거무튀튀한 바위산으로 주변을 압도하며 서 있다. 골속 길은 더 이상 보여주지도 않는다. 거대한 암석으로 형성된 산이 길을 품어 앉은 듯이 숨어 있어서였다. 자리에 선 채로 20여 분 더 머뭇거렸다. 이를 어쩌나. '가야 한다와 못 간다'가 마음 깊숙이에서 충돌하였다. 이

안동시 예안면 도촌리 지통마을

를 어찌하랴. 결정할 수밖에 없다. 이 상태로는 더 이상 나아갈 수는 없다. 자칫 무리하면 사고가 날 수도 있다. 허리 아래로는 추위가 2차 경고장이라도 보내는 듯이 무감각해져 저리기까지 하였다. 아랫도리와 달리 파카로 두툼하게 입은 상체에도 냉기는 여지없이 파고들었다. 5분여 더 지탱해 보았다. 소용이 없었다. 무엇보다 아랫도리가 시려 와서 도저히 감당해낼 수가 없다. 칼날 바람과 맞서고 있는 맨 얼굴에도 바람과 냉기는 예리하게 닿으며 경고하였다. 어느새 몸체도 움츠려들었는지 주춤하기를 주저하지 않는다. 이를 어쩌랴... 급박한 상황으로 치닫고 있었다. 참으로 난감하다.

심산유곡, 냉기가 칼날이다.

 망설이기를 끝냈다. 더 나아갈 수 없다. 어쩔 수 없이 뒤로 돌아섰다. 일단은 잠시 사수하였던 자리를 물러나야 하였다. 100여 미터 왔던 다리까지 뛰다시피 빠른 걸음으로 되돌아 나

왔다. 숨이 찼다. 그때야 보니 앞쪽 남서 간쯤에 걸쳐 있는 높은 산봉우리에 빛이 내렸음을 희미하게 볼 수 있었다. 내심으로 반가웠다. 그래 빛이 보였다. 잠시 후이면 이곳에도 빛이 내릴 거야. 이 태고의 산으로 둘러쳐져 있는 누리를 아우르게 될 것이다. 타동 외딴곳에서 고립 일보 직전 상태에서 자신감을 찾아 벗어나 보려고 하였다. 그리고는 가능한 몸을 최대한 움츠리고서 골 쪽만을 응시하였다. 이 상황에서 뭘 어떻게 해야 하나. 몸은 여전히 점점 더 얼어가고 있었다. 이미 몸이 추위를 감당해 온 터인지라 만회가 되지 않는다. 추위가 내친 김에 기본을 무시한 나그네에게 골탕이라도 먹이기로 작정하고 나선 것 같기도 하였다. 해가 떠오르기만을 기다릴 수는 도저히 없었다. 뭔가 비상조치가 필요하였다. 고립무원과 염원만을 뇌리에 담았다. 주변을 앞뒤 좌우로 반복적으로 넓게 둘러보았다. 혹시 대피할 곳이라도 있을까 해서였다. 다리를 건너서 오른쪽 길 밑으로 사과밭이 보였다. 그 앞에는 비닐 막사가 있었다. 또 주변을 더 둘러보았다. 민가가 저만치 산 밑으로 보이는데 느낌으로는 밭 너머로 까마득했다. 이제 더는 주저할 수가 없다. 비닐 막사로 뛰었다. 바람만 막아도 나으리라는 기대였다. 다리를 건너 달려 내려갔다. 허리를 굽혀 비닐막을 들쳤다. 안에는 온갖 농기구들이 쌓여 있었다. 잡동사니도 즐비하였다. 더 무엇을 따져 볼 겨를이 없다. 막사 안으로 비집고 들어갔다. 일순 아늑한 감이 기분으로 느껴왔다. 우선은 바람을 피할 수 있었다. 효과는 그렇게 바로 왔다. 몸이 단번에 훈기를 느끼니 살 것 같았다. 일단은 안도하였다. 어기적거리던 중에 잠시 이재명 후보의 어린 시절을 상상해 보았다. 50여 년 전의 이재명 후보의 어린 시절 모습이 급히 떠올려졌다. 어린 것이 이런 것을 다 감내하며 살았겠구나. 참 안쓰럽기가 그지없다. 이 추위를 다 감당하며 어떻게 살았을까. 그러기를 30여 분을 더 머물렀다. 내심으로는 조바심이 계속 잃었다. 몸과 마음을 다시 다잡고서 도촌리 길로 올라섰다. 그때로서는 별 방법이 없었으니 그럴 수밖에는 없었다. 안동네 마을에만 들어가면 살길을 찾을 수도 있을 것 아니냐 은근히 기대도 하였다. 200여 미터 앞 골 길로 다시 향하였다. 해는 아직도 몸체를 보이지 않은 채였다. 냉기도 그대로였다. 잠시 후에는 불현듯 또 떠올랐다. '누가 이와 같은 척박한 곳에서 살 수가 있는가' 하는 자탄 같은 것이었다. 전전으로 이곳을 선택해서 사는 그들의 책임이기는 하다. 그 누가 다른 어떤 말로 위로할 수도 없다. 하지만 이것은 여기서 누구라도 대놓고 할 소리는 못 된다.

이곳에서 분명 아이가 건강하게 자라났다.

그리고 도시로 와서 어느 사이 막중한 대통령 후보까지 겨눌 수 있게 되었다. 와 와 참 대견하다. 이곳과 대통령 후보가 뭔지 잘 어울릴 것 같지는 않았지만 이는 엄연한 사실이다. 그리고 곧 가능성이 높기에 얼마 후이면 대통령 여부가 판명되어 알 수가 있다. 이런 사실이 이곳의 악조건과 교차하면서 새삼 놀랍지 않을 수가 없다. 척박함에 따른 불리함이 오히려 총명과 인내심으로 발돋움 된 계기는 아닐까 하였다. 양 길가의 바위는 육안으로 보아도 그대로가 아니다. 이끼 등 검버섯이 피어나 거무튀튀하였다. 오래된 지역임과 함께 그곳이 태산이었음을 감추지 않고 있다. 있는 그대로 노출시켜 자연의 신비감이 깡그리 드러나 보였다. 심심산골에는 가로지른 냇가와 다리가 또 나왔다. 아직까지도 초행길의 재미만큼은 긴장 속에서도 계속 견지는 되었다. 하라는 대로일 뿐이다. 또 다리를 건넜다. 저 멀리 골 안쪽 산봉우리에 햇살이 걸터앉아 있었다. 골 안에서 보는 빛이어서 그런지 더 반가웠다. 길은 삼계리에서부터 계속 다리를 매개로 주고받으며 냇가와 함께 동반하고 있었다. 건넌 다리가 지금까지 네 개 정도는 된 것 같다. 다리를 건너오자마자 뇌리에 새로운 증상이 일었다. 늪 같은 두려움이었다. 무섬증이었다. 깊은 산중에 도무지 오가는 사람이 없다. 잠시서 있다가 또 주위를 살피고 나아가기를 몇 번째이다. 그때 냇가 건너편 바위로 병풍을 두른 듯한 허리춤에 일정하게 놓인 무엇인가가 눈에 꽂혔다. 자세히 보았다. 간격을 두고 질서가 정연하였다. 잠시 후에는 그것이 벌통이었음을 알았다. 벌통들이 간격을 일정하게 두고 있었다. 사람이 올라야 하기에는 지대가 높아서 위태롭게 보였다. 분명 인적이었다. 그래 저것은 사람의 흔적이다. 그러자 마음이 한결 놓였다. 그리고 잠시 후에는 연이어 저 앞으로 나타난 것이 있었다. 지붕이 걸쳐져 있는 작은 건물이 길가에 다져진 위에 우뚝하니 서 있었다. 뛰어서 다가가 보았다. 아주 반듯하게 세워진 것이 화장실이었다. 여기도 화장실만큼은 세심하게 배려되었다. 남녀라 구분되어 선명하게 쓰여 있었다. 일단 거침없이 남자용 문부터 열어보니 썰렁하였다. 덩그러니 변기뿐이고. 혹시 휴대폰을 충전할 수 없을까 하고 더 둘러보았다. 아무것도 없었다. 문을 닫고서 선 채로 화장실을 다시 바라보았다. 전선이 여자 화장실로 들어간 것이 보였다. 이번에는 다소 조심스럽게 문을 열었다. 역시 거기에도 변기뿐 충전기능은 따로 없었다. 문을 닫았다. 다시 남자 화장실 문을 열었다. 몸이 얼었으니 들어가서 잠시라도 녹이고 싶어서였다. 하지만 그 즉시 멈춰서서 망설였다. 낯선 곳에서 그래서는 안 될 것 같았다. 문을 이내 닫았다. 다시 마을 쪽을 향해 방향을 틀었다. 조금 더 들어가니 길이 양쪽으로 나뉘며 갈렸다. 하나는 냇가 쪽으로 낮게 나 있었는데 떠오르는

#이재명의 아내 #김혜경에 대해
알아보겠습니다.

생각에 예전에 다니던 옛길 같았다. 맞은편 냇가의 건너편으로 보이는 천애 같이 깎아지른 거무튀튀하고 엄청난 크기의 1000년 바위가 규모로 압도한다. 오랜 자태를 그대로 드러내 보여주었다. 그렇다면 예전 길로 하고 마음을 먹고 방향을 잡는데 생각에 그것은 또 아니었다. 지금은 먼저 얼어 있는 몸을 생각해야 하였다. 얼마를 더 들어가야 할지도 모르는 상황이다. 아무래도 새로 난 길로 가서 몸뚱이의 고생을 덜 시켜줘야 할 것 같았다. 높은 데로 난 폭이 넓은 길을 택해 가기로 하고 방향을 틀었다. 언덕진 길은 자동차가 편도로 다닐 만하였다. 고개지고 비탈진 길을 죽 따라 올랐다. 잠시 후에는 마루턱에 올라섰다. 저 앞쪽으로 200여 미터의 거리가 육안으로 내다보였다. 거리는 있었지만 마을 같은 모습이 직감상으로 눈에 들어왔다. 와! 반가움이 마음에 앞서 몸체에서 먼저 반응했다. 그런데 의외였다. 두 볼을 적시며 반갑게 다가온 것도 따로 있었다. 공기의 따스함이었다. 감미롭기까지 하였다. 골 안의 기온이 따뜻하게 바뀌어 있었다. 아직 언덕에는 볕이 골 바닥까지 내리지는 않았지만 공기는 분명 달라져 있었다. 참 신기했다. 따스함은 몸체까지 감아 녹여주고 있었다. 오전 8시는 분명 넘었을 것인데 휴대폰이 작동을 하지 않았다. 그래서 정확한 시간을 알 수가 없다. 사진을 찍을 수가 없으니 이 천혜의 색다름이 무색해져서 도무지 아쉽기만 하다.

이렇게 외진 곳이자 예사롭지 않은 곳에 와서 인적의 현장을 처음으로 볼 수가 있었다. 보면서 여기에 사람들이 정말로 살고 있었구나 하고 뇌리가 녹아들 만큼 반가웠다. 방금 전까지 품어 왔던 외경스러움도 일제히 가시기 시작하였다. 뇌리에 떠오르던 궁상, 이런 데에서 어떻게 사시느냐도 저 멀리 사라졌다. 도저히 입 밖으로는 내색할 수가 없다. 이제는 주변도 살가워져 있었다. 도시인의 도발적인 태도는 다가 아니었더라도 내심에서 도드라졌던 섣부름은 잠재울 수가 있었다. 겹 때를 뒤집어쓰고 난 척하고 사는 도시 물이 아닌 진짜배기들이 여기에 살고 계셨구나. 진정이 어울려 묶여 있는 만만치 않은 곳이라는 새로움과 설렘이 내심에서 일었다. 시종일관 떠올려 되새김질하였던 척박함도 자연미적으로 심관이 편안해져 일제히 뇌리에서 세척되었다. 그리고 다는 모르지만 미안함도 동시에 떠올랐다. 오늘 하루 주제의 화두는 와 보기를 참 잘했다였다. 억하심정이 들었지만 개천에서 용이 난다라는 말도 실감해 보기에 나름은 충분하였다. 거듭한다. 닳고 닳은 도시인의 자세가 여러 면에서 표현해 멋쩍었고 어색했다. 살펴볼수록 깨끗하게 잘 가꿔진 마을이었다. 초여름 사과나무에 잎이 돋고 꽃이 피고, 열매가 열릴 때라면 더없이 멋질 것 같았다. 만세라도 불러 주고픈 심정이 뇌리에 돋았지만 참을 수는 있었다. 비로소 거기서 이곳을 찾고, 보고 싶다는 염원이 싱그러움과 반가움으로 일제히 변해 갔다. 도촌리만의 혈기가 살아 살찌우고 있었다. 곧 이곳에서 낳은 충직이 대업으로 과감하게 실현되어 가는 중이다. 마을 안쪽으로 방향을 잡고 비로소 목례를 했다. 마음속에 자세를 견결하게 곧추세우며 마주도 잠시 해보았다.

골 안 공기가 따스함으로 바뀌어 있었네.

점점 마을 안쪽으로 들어갈수록 공기는 더욱 따뜻해졌다. 바깥에서 보아 느꼈던 것과는 달리 마을 안은 넓게 짜인 구릉지였다. 그 모습은 오랜만에 어디선가 야영할 때 텐트 안에 반드시 누워서 느껴 본 행복감 그런 광경이라고 해보고 싶다. 오른쪽 왼쪽의 산의 간격이 백m 이상으로 깊이를 더해가며 나란히 앞쪽 깊숙이 파고들어 갔다. 양쪽가 외의 통바위는 바위 그 자체로 날탱이로 드러났다. 깎여 있는 그대로를 드러내 보여주고 있었다. 와 이제 확실히 살았다. 마음의 여유가 다리를 쭉 펴보듯이 해 온다. 수십 미터 저 밑쪽 냇가 계곡에서 개 짖는 소리가 났다. 소리는 구릉으로 스며들어 퍼지며 점점 날카로워져서 들려왔다. 구릉이 온통 시끄러워졌다. 검은 놈 아니면 흰 놈일까 그도 아니면 누렁이, 그놈은 어디에 있는지 도무지 짖는 방향으로 찾아보아도 볼 수가 없다. 그 짖는 소리가 멈추지 않고 쉼 없을 즈음에는 필자 마음에 도리어 미안함이 자리잡고 있었다. 마을 분들에게 혹시 본의 아니게 피해를 주지 않을까 해서였다. 100여 미터를 더 들어갔다. 길 양쪽으로 가깝게 집들이 보였다. 조심스럽게 첫 집의 처마 밑까지 가까이 갔다. 집안에서는 두런두런 목소리가 나오는 듯도 하였다. 방문 앞에 신발들이 많이 보였다. 혹시라도 하였으나 누구도 내다보지는 않았다. 어찌하겠는가. 추위로 이른 아침 도시의 삶과는 분명 다를 수밖에 없겠다. 아마 이분들이 진작부터 이곳 나름의 특성이 적응된 일상일 수밖에 없겠거니 하였다. 이어서 두 번째 집을 지났다. 이재명 후보의 유튜브에서 보았던 집이었다. 역시 아무 반응도 없었다. 마을에서 맞는 첫 다리를 건넜다. 거기에서 우측 계곡 쪽으로 냇가와 함께 들어가는 길이 나 있었다. 이 또한 산속으로 빨려 들어갔으니 흔적이 어디인지 몰랐다. 윗골 어딘가로 연결되는 길로 보였다. 내친김에 더 들어갔다. 이제는 마을의 중간까지 들어왔다. 왼쪽으로 지대를 높게 앉은 집이 보였다. 길가가 아니고 여유 있게 떨어져 마당까지 넓게 갖추어진 집이었다. 다시 또 조심스러웠다. 이제는 이재명 후보의 집터가 어딘지가 관건이었다. 그때까지도 사람은 전혀 보이지 않았다. 잠시 후이면 9시쯤을 가리킬 것인데도 마을 분 누구도 볼 수가 없었다. 유튜브에서 보았을 때는 이재명 후보의 집터가 마을을 조금 더 들어가서였음이 기억났다. 길가의 집 담을 따라 들어갔다. 일단은 마을이 끊겼다. 그런 후 길 따라서 100여 미터를 더 들어갔다. 거기 오른쪽 낮게 냇가 쪽으로 집이 다시 보였다. 강아지들이 짖는 소리가 요란했다. 두 마리였다. 가까이 다가가니 작은 강아지였다. 도무지 까무러쳐 자지러들 듯이 종횡으로 교차하며 짖었다. 꼬리를 마구 흔들어대는 것을 보면 도무지 뭐하자는 것인지를 모르겠다. 환영하는 것인지 아니면 나름 낯선 사람 밀쳐내겠다는 것인지. 어찌 부산하든지. 흰 어미개는 먼 산을 바라보며 이따금씩 간격을 두어가며 점잖게 짖을 뿐이었다. 목소리에 울림이 일었다. 길은 좌측으로 비스듬히 틀면서 오르막길이었다. 산 밑에 앙증맞게 자리를 잡은 두 무덤이 이웃 사이로 어울려 산 사람 나그네를 맞아주었다. 잠시 바라보았다. 또 뒷전으로 돌아서서 온 길도 보았다. 마을 초입이 저만치 밑으로 보였다. 잠시치고는 그새 많이 들어왔다. 그때 지대 높은 세 번째 집 안마당에 사람이 보였다. 남자였다. 마을에서는 처음으로 보는 사람이었다. 이쪽을 지켜보고 있는 듯하였다. 필자도 찬찬히 마주 보았지만 다시 그곳으로 가 보기에는 이미 온 거리가 멀었다. 모른 척하고 다시 오르던 길을 올랐다. 길 오른쪽으로 오늘 내내 길동무가 되어준 정겨운 냇가가 쉼 없이 물을 흘러내려 보냈다. 냇가 양 옆으로는 잘 가꿔진 밭에는 사과나무가 심겨 있었다. 수령이 꽤나 오래된 것으로 보였다. 오른쪽으로 냇가를 끼고 계속 올랐다. 집들이 나타났다. 길 오른쪽과 왼편으로 네 채가 보였다. 바빠진 걸음에 냉큼 다가가 보려 하였다. 아침 식사를 못 하였기에 혹시 가게가 있을까 하고 뒤태를 보이는 길가의 집으로 향하였다. 그런데 다 가기 전에 걸음을 멈출 수밖에 없었다. 왼쪽 위턱에 두 번째 집이 왠지 눈에 익숙하게 들어왔다. 유튜브 상에서 이재명 후  보와 집주인으로 보이는 분과 대화하는 장면이 떠올랐다. 집은 길가에서 앞마당을 먼저 보여주며 동향으로 앉아 있었다. 안쪽으로는 집을 새로 짓는 듯 통나무 기둥이 있는 그대로 내보인 채이었다. 그리고 바라본 집 초입 밭 중간에 글이 명료하게 쓰인 입간판이 보였다. 그래 바로 이곳이었다. 이재명 후보의 집이 있었던 집터임을 직감할 수 있었다. 가게 운운은 상관없었다. 바로 밭으로 들어갔다. 입간판 세워진 쪽으로 갔다. 입간판에는 이재명 후보가 살았던 집터였음을 분명하게 안내해 주고 있었다. 그래 그래, 여기이다. 와 더없이 반가웠다. 거기 써여 있었다. 입간판에는 이곳이 이재명 후보가 입지를 다지며 살았던 그곳이다라며 영주 지역의 한 단체가 표기하였다 라고 쓰여 있었다.

예안면에서 버스로 들어오면서 이재명 후보에 대한 환영의 인사를 전하는 현수막이 길가에 부착된 것을 볼 수 있어 좋았다. 이렇게 생가터까지 직접 대할 수 있으니 더 반갑기가 이를 데가 없다. 솔직히 해야 하겠다.

10여 분 머물다가 밭을 나왔다. 임자가 따로 있는 밭이었다. 집에 인기척이 있겠지 하고 집 마당으로 올랐으나 아무 낌새도 느껴 볼 수가 없었다.

또 조심스러워졌다. 최대한 예의를 갖춰 마당을 가로질러 한옥이 지어지고 있는 곳으로 갔다. 역시 아무 인기척도 느낄 수 없다. 바라본 한옥은 기둥과 처마가 멋진 한옥형 집이었다. 잠시 넋을 놓고 구경하였다. 15평 남짓 되는 집의 규모로 보였다. 기둥이 많이 휘어진 것을 보니 자연 그대로 지은 집이었다. 집이 주변 산세와 잘 어울릴 것 같았다. 그 사이에도 집 안채에서 무슨 인기척이 있지 않을까 신경은 그리로 쏠렸지만 실상은 아무것도 일어나지 않았다. 그러기를 30여 분 추위는 이제 참을 만하였다. 버스가 들어오려면 예정시간 12시 10분이니 두 시간 이상을 기다려야 하였다. 다시 길가로 나갔다. 그리고 가게로 보였던 집 앞으로 갔다. 아니었다. 가게는 아니었고, 그냥 길가의 집이었는데 그렇게 보였다. 저만치 위로 떨어져 있는 버스 종점 쪽으로 갔다. 판에는 복잡한 대로 버스시간표와 마을에 대한 안내가 나란히 붙어 있었다. 길가 사과밭 앞의 안내판을 읽어보았다. 이곳의 생산된 사과는 전량 대만에 수출한다고 쓰여 있었다. 아마도 주문생산에 따른 특산종 재배지인 것 같았다. 넓게 조성된 사과밭을 좀 더 자세하게 보았다. 이웃집으로 건너가는 다리 위로 올라섰다. 물살이 세찬 소리를 가르며 발밑으로 내려가고 있었다. 거기에 다리 길이와 거의 맞먹게 커다란 입간판도 세워져 있었다. 마을 일대를 그림으로 그려 자세히 설명하고 있다. 지금 있는 곳이 평지밭이라 하였다. 더 들어가면 집들이 윗동네 삼아 더 있었고, 또 골 따라 더 들어가면 영양군으로 넘어가는 장갈령이라고 하였다. 이 골 길은 예전에 동해 바다인 포항에서 시작하여 영해를 거쳐 내륙으로 들어와 영양군을 통과한 후 예안과 안동으로 통한다. 골 길은 예전에 보부상들이 해산물 등을 갖고 드나들던 통로였다고도 쓰여 있었다. 마을 안내도도 그려져 있었는데 이재명 후보의 집터에 오기 전의 첫 집이 마을회관으로 표기되어 있었다. 두 말이 필요 없었다. 냉큼 그곳으로 갔다. 순간 뇌리에 집히는 것도 떠올랐기 때문이었다. 지은지가 오래되지 않은 정갈하게 지어진 마을회관이었다. 정문인 창문에는 회관이 쉰다고 방이 나붙어 있었다. 또한 다른 방에도 내일 마을 총회가 있다고 고지를 하고 있었다. 그런데 잡히던 감 그대로

반갑게도 창문 밖으로 나온 전기 코드를 볼 수 있었다. 무엇보다 반가웠다. 창문으로 삐쭉이 나와 비닐에 싸인 전기 코드이었다. 휴대폰의 충전량이 떨어져 아무것도 촬영하지 못하던 차이었다. 사실상 시간도 어떻게 되었는지도 모르고 있는 판이었다. 그대로 코드를 꽂으니 충전이 되면서 휴대폰이 살아나고 있었다. 그때까지도 사람의 인기척은 없었다. 이제 10시는 넘었을 것 같은데 알 수가 없었다. 2시간은 더 있어야 버스가 들어온다고 했다. 그렇게 30여 분쯤 충전을 시키고 있는데 밑에서 올라오는 자동차 소리가 들렸다. 트럭이었다. 트럭은 버스 정류장에 있던 다리를 건너서 다시 오던 방향으로 무심히 내려갔다. 이어서 다리 건넛집에는 남자가 운전하는 자가용도 움직였다. 부인으로 보이는 여자분이 차에 타더니 다리를 건너 이쪽으로 넘어왔다. 그리고는 아까 필자가 왔던 길을 따라 횡하니 달려 내려갔다. 도무지 말을 걸 사람이 없었다. 애가 탔다. 그러기를 20여 분 뒤 정작 안성 맞게 마을회관으로 들어오는 차가 있었다. 짐차였다. 차가 멈추고 기사와 정장을 한 남자가 내렸다. 필자가 계단을 내려와 정중하게 인사를 하였다. 정장을 한 분이 의외라는 듯이 눈을 동그랗게 뜨며 물어왔다.

누구신지요?
네, 저는 저쪽 이재명 후보의 집터를 찾아보러 온 사람입니다.
아 네!

그것으로 대화가 끝났다. 그들은 차에 가득 실려 온 짐을 내렸다. 포장으로 보아 선물 같았다. 짐을 다 내려 마을회관으로 들여놓고 나서야 다시 말을 이어갈 수 있었다.

제 휴대폰의 충전이 다 떨어져서 충전 좀 하고 있다면서 연결 코드를 가리켰다. 정장을 입은 분의 표정이 알겠다는 듯한 반응을 보였다.

버스를 기다린다고 하였더니 12시 10분에 들어온다고 하였다. 그러면서 마을 밖 큰길에 나가면 버스가 더 있다며, 안내 삼아 얘기해 주었다. 알겠다고 하고 충전이 아쉬웠지만 그것만으로 끝내고 마을회관을 벗어났다. 집터로 다시 갔다. 비로소 안내판에 가지고 간 원고의 초고를 위에 놓고 사진을 찍을 수가 있었다. 천만다행이었다. 그리고 이재명 후보의 고향 여기저기를 여러 컷 더 찍을 수가 있었다. 다시 삼계리 초등학교로 향하였다. 이번에는 등굣길이었다. 아까 못 찍어두었던 곳곳을 찍기 위해서는 어쩔 수가 없었다. 버스도 기다려서 타야 하였다. 그때쯤에는 햇살이 마을에 환하게 퍼져 있었다. 이때도 마을 사람은 더 이상 볼 수가 없었다. 마을을 빠져나오면서 먼 거리에서 마을 모습을 담았다. 다리는 다섯 개였다. 왔던 길이어서 그런지 발걸음은 빨랐다. 산천도 아까와는 달랐다. 낯익어 친숙해졌다. 달려오는 버스는 결코 놓치면 안 되었다.

자칫하면 2~3시간 다음 차를 또 기다려야 한다.

온통 때 묻지 않은 자연 그리고 태산이 거기 있었다.

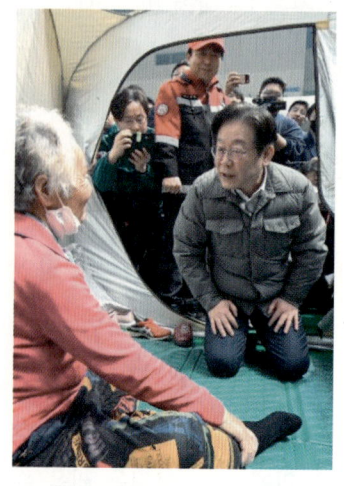

　숨소리를 품어 앉은 채 거기에 있었다. 삼계리에 다 와서야 왁자지껄 사람들의 목소리가 들렸다. 길가 아래쪽의 비닐하우스 안에서 남녀들이 내는 웃음소리였다. 웃음소리가 골짜기로 왕창 퍼져나가는 듯하였다. 필자도 그 웃음소리에 비로소 생기가 돌았다. 사연을 들어보고픈 나그네에게는 누구도 옆 자락을 내어주지 않았다. 학교에 다시 와서 학교 교정 여기저기를 휴대폰에 추가로 담을 수가 있었다. 곧이어 도촌리 쪽에서 태산을 빠르게 돌아 나오는 버스의 모습이 보였다. 재빨리 길가로 나갔다. 그리고 두 손을 들었다. 버스가 바로 앞에 섰다. 급히 올라탔다. 버스 뒤쪽으로 가서 자리를 잡아 앉았다. 버스 안에는 여자분과 남자 합해서 일곱 명 정도의 승객이 있었다. 서로들 인사하기에 바빴다. 버스는 시골길을 곡예하 듯 잘도 달린다. 어제 일박하였던 정산을 지났다. 버스는 안동호를 건너고 와룡을 거쳐서 1시간여 달려 안동 시내로 나왔다. 이제는 무엇보다 배부터 채워야 하였다. 식당을 찾았다. 분명 안동 고등어란 글자가 내걸린 식당으로 가야 했다. 구안

동역 부근 식당에 대문짝만하게 안동 고등어라 크게 써 붙인 집이 보였다. 냉큼 그쪽으로 갔다. 안동시에서 제일로 자랑하는 것이 자반 안동 고등어이다. 누구라도 안동에 오면 고등어 백반을 들어야만 한다가 불문율이다. 아침 겸 점심으로 고등어 백반을 시켜 들었다. 오랜만에 먹어보았지만 역시 맛은 최고이다. 식당을 나와 안동 버스터미널 가기 전에 있는 이육사 선생의 생가를 찾았다. 집 앞에 내 걸려 쓰인 안내판을 읽었다. 생가가 1976년까지 도산면에 있었는데 수몰이 되어 지금의 이곳으로 옮겨 왔다고 하였다. 집은 대문을 정중앙에 두고 디근자 맞배집 형식으로 지어졌다고 하면서 원형 보존의 가치가 있다고 하였다. 발꿈치를 들어 집안을 넘겨보았다. 생가의 집터가 의외이었다. 그야말로 너무 좁다. 꼭 그 모습이 죽은 사람이 입관된 모습으로 꽉 차 보였다. 어찌 이럴 수가 있는가. 안동 사람은 제정신인가. 독립투사이자 시인 이육사 선생의 체취가 남아 있는 생가이다. 안동시는 이곳을 찾는 사람들에게 선생의 체취를 흠씬 느껴볼 수 있도록 하면서 특별히 먼 훗날까지를 배려해야 한다. 아무리 생각해도 집에 비해 터가 너무 비좁고 말이 아니다. 일단은 이주한 건물이니 한 번 더 이주하도록 하였으면 한다. 지금보다 터를 좀 더 넓은 곳으로 한 번 더 재이주를 시켜주었으면 하는 바람이다. 대한민국 최고의 독립투사이자 최고의 시인이 아닌가. 시인이자 투사인 선생의 체취가 곁들여진 곳이니 어느 곳 어느 사람보다 중요하다. 앞으로 청소년 특히 자라날 후세들에게 귀감으로 남겨줄 최고의 선물이자 흔적이다. 선생의 시의 서정성과 맑은 영혼에, 진정성에서 우러나는 열의를 받들어 모실 수 있도록 하자. 안동시와 중앙정부는 전국의 많은 국민이 이곳을 찾아 선생의 체취를 생생하게 느껴볼 수 있도록 배려해 주었으면 한다.

6.
경상도와 안동시 다시 보기

***

(남명 조식 선생)   (퇴계 이황 선생)

고향을 살리자, 지역이 배출한 이재명을 다시 보자.

 이 글을 쓰기 위해 안동행을 하였다. 택시와 버스로 돌아본 안동은 필자가 20여 년 전에 가 봤을 때와 별로 달라진 것이 없었다. 이렇게 발전이 안 된 주된 이유로는 안동시의 상주인 구가 워낙 적기 때문이란다. 현재 15만 명 정도가 고작이다. 1995년 최고 20여만 명에서 2023년까지 28년 만에 5만여 명이 줄어 현재에 이르고 있다고 하였다. 이용 주민이 없으니 버스도 늘릴 이유가 없는 것이다. 시골일수록 젊은이는 그만큼 없게 마련이다. 나이가 드신 분들만 살아가시니 어찌하겠나. 앞으로도 큰 기대가 없는 상태에 머물러 살아갈 뿐이다. 더구나 식수원 댐까지 있으니 지역의 발전도 크게 기대할 것이 없다. 필자가 안동 땅을 처음으로 가 본 것은 20여 년 전 시인인 이육사(이원록) 선생의 흔적에 관심이 있어서였다. 일단은 구 안동역에서 12여 킬로가 떨어져 있는 도산면의 도산서원까지 걸었다. 이육사 선생이 활동하던 당시에도 어쩔 수 없이 걸었을 것이라 보았기 때문이다. 교통편 자체가 흔하지 않았을 때이니 따라보려고 하였다. 그리고 문학관 옆의 생가터 뒤에 높은 산에 모셔져 있는 유택에도 올라 참배할 수 있었다. 이후 두 번째는 해월 최시형 선생께서 포덕을 위하여 활동하기 위한 통로로 삼으셨던 영월에서 봉화까지를 도보 및 답사하였다. 자정에 출발해서 밤을 새우며 걸으니 그날 오후 5시경 봉화에 도착하였다. 그때쯤에 아마도 가송리 농암 종택에서 1박하였을 것으로 기억한다. 특별히 종택의 맏손이 지은 저서 『1000년의 선비』를 구입해서 잘 읽은 바가 있다. 특히 영월에서 봉화까지는 소백산과 태백산을 양옆으로 끼고 골 따라 걷는 길이어서 지금도 그때를 생각하면 기분이 새롭고, 자연히 충만감이 솟는 대목이다. 지금이라도 또 걸어 보고 싶다. 일단 영월에서 구안동역까지는 전장 모두 이어서 걸어본 꼴이다. 이육사 문학관의 뒷산은 매우 가파르고 높다. 2019년에 100일 동안 전국 도보행진을 비롯하여 안동에 갈 적마다 묘소에 올랐다. 지금까지 다섯 번 정도 올라본 유택은 쉽게 접근이 안 될 정도로 높다랗게 모셔져 계신다. 합장인 부부께서는 낙동강을 내려 굽어보며 고이 잠들어 계시는데 유택을 대하면 누구라도 옷을 여미게 되어 있다. 다들 올라보시라. 이육사 선생은 우리에게는 '청포도'와 '광야'의 시인으로 많이 알려져 있지만 이보다는 '의열단' 소속의 독립투사로 더 잘 알 수 있어야 한다. 생전에 특등사수이셨다고 한다. 일제는 1943년 6월 국내에서 체포된 투사를 압송, 북경으로 연행되었다. 그곳에서 많은 고문 끝에 1944년 1월 16일 옥사하셨다. 이는 사상범 이상의 중요인물인 까닭에 북경까지 연행되신 것이 아닐까 한다. 따라서 어딘가에 있을 선생 생전의 활동하신 자료가 있을 것이다. 정부는 끝까지 이를 찾아서 소중하게 챙길 수 있어야 한다. 묘역 밑에 있었던 선생의 생가도 지금은 터만 남겨진 채 안동 시내로 옮겨졌지만 말이 안 되게 비좁게 관리되는 실정이다.

낙동강 중하류 쪽인 와룡과 분천에 산재하던 한옥들은 많이 침수되었다. 일부는 침수를 피해서 상류 쪽으로 이전되어 명맥을 유지하며 오늘에 이르렀다. 대표적으로 조선조 퇴계의 스승

농암종택의 '긍구당'

이시기도 하셨던 농암 이현보 선생의 종택과 부속 건물인 긍구당(肯構堂)이다. 대저택은 경상북도 민속문화재 제84호로 등록되어 있다. 청량산에 막 올라가기 전에 가송리 구곡에 고즈넉하게 자리하고 있다. 속사정이 어떠하였든 지금도 한옥이 갖는 정서와 운치가 어울려서 보기에 더 없으리만큼 좋다. 예안에는 여러 가지 역사적인 사실이 많지만 무엇보다도 강조되어야 할 것은 인물면에 있어서이다. 바로 이웃 도산에 위치한 도산서원과 퇴계 이황 선생이 예안 사람이었다. 또 한 사람 독립투사인 광야의 시인 이육사 선생이신데 퇴계의 직손이시다. 안동시에는 이와 같이 출중한 인물이 많아서 그 지역을 편의상 넷으로 구분해 나눠보면 다음과 같다. 첫째가 안동 북동쪽 편에 예안(도산면)인데 성리학의 태두로 모시는 퇴계 이황 선생과 함께 시인 이원록(이육사) 선생을 꼽을 수가 있다. 둘째는 서쪽 방향으로 하회의 병산서원과 서애 유성룡 선생이시다. 셋째는 안동 중심부에 위치해 있는 임청각으로 상해 임시정부 초대 국무령을 지낸 석주 이상룡 선생이시다. 또 다른 한 곳은 동남간 쪽으

로 임하면의 김동삼 장군이시다. 일설에는 호가 일송(一松)이신데 우리 가곡 '선구자'의 일송정이 장군을 가리키지 않는가 한다는 점이다. 1910년 나라가 일제에 빼앗기자 지역의 뜻을 모은 일족과 만주 땅으로 망명을 최초로 결행

하신 분이시다. 다른 한편으로는 성리학의 권위주의를 일정하게 비판하였다. 한국적인 합리를 주도적으로 태동시킨 유학이 양명학인데 바로 예안의 토계리가 발상지로 알려져 있다. 여기서 영향을 받은 분들이 일제 초기 독립운동을 위해 발 벗고 나선 곳이다. 또 한편으로는 만주에 투쟁지 마련을 위해 선발대 격으로 망명을 자처하며 뛰었던 곳이다. 또 다른 한편으로 우리 민족이 영원히 경하해 기억해야 할 곳이 안동에 있다. 안동시 와룡면이 그곳이다. 인근에 있는 와룡산이 누워 있는 용과 같다 하여 와룡이라고 붙여졌다고 한다.『훈민정음 해례본』이 이곳 와룡에서 1940년 최초로 발견되었다. 이 사실은 우리 역사에서는 야사로 전하지만 의미면에서는 정사 못지않게 중요하다.

세종대왕이 창제한『훈민정음 해례본』최초 발견

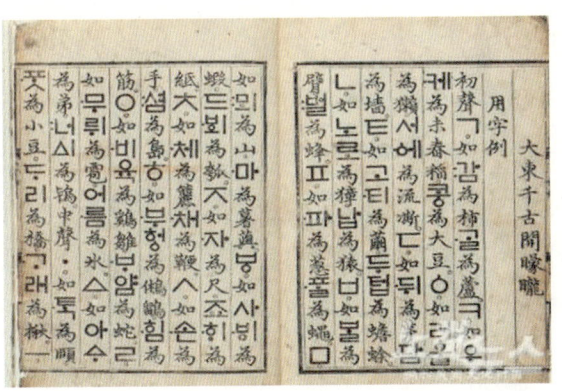

『훈민정음 해례본』이 발견된 곳이 와룡면 가야길 광산 김씨 소유의 긍구당(유형문화재 제316호)으로 알려져 있다. 그때까지는 우리가 쓰는 한글이 누가 만든 것인지를 정확히 모르고 있었다. 한글학자 주시경 선생도 모르고 있었다는 것이 정설이다. 주시경 선생은 발견 23년 전인 1917년을 일기로 세상을 떠나셨기 때문이다. 『훈민정음 해례본』이 와룡에서 발견되면서 훈민정음의 창제자가 세종대왕이었음을 비로소 정확히 알게 되었다는 사실이다. 특이한 것은 안동 일대는 유가의 본향으로 알려져 있다. 그리고 지역이 한자문화권으로 절대적인 권위만을 누리고 있었을 곳으로 보였다. 그러나 이『훈민정음 해례본』이 발견되면서 꼭 그렇지가 않았다. 국내 양명학의 발상지에 더하여 언문으로 취급받던 훈민정음을 받아 품어 안고 있었다는 사실이다. 안동지역이 이 얼마나 사유세계에서나 문자활용에 있어서나 탄력성과 고매함에 빛났던 지역이라 하지 않을 수 있겠는가. 양면성 같기도 하지만 참에 있어서만큼은 두 말이 필요 없는 지역이었다라고 해야겠다. 안동시를 지금보다 더 높이 경하해 삼아갈 수 있어야 한다. 이 책이 출간되고 얼마 후에는 안동/예안 지역에는 또 다른 의미에서 역사적인 인물이 또다시 한 사람이 배출되지 않을까 한다. 이재명 후보이다. 대통령이 된다면 지역을 대표하는 또 한 사람이 될 것이다. 지역이 인물을 배출함에 있어서 지역 내에 온전히 배어 있는 전통이란 것이 있는 듯하다. 이런 사실이 우연인 것만은 아닐 것으로 보이는 대목이라 그렇다. 안동 지역이 향후에 보다 많은 사람에게 국민적인 도장으로 자리를 잡을 수 있도록 서로가 뜻을 모아가도록 하자.

이재명 후보가 대통령이 되어서
고향으로의 귀향은 경상도 경제 살리기이다.

이재명 후보가 제21대 대통령이 된다면 고향 안동은 나름 축복을 받는 도시가 되어야 한다. 단지 지역 출신을 배출해서만이 아니다. 대통령 5년을 지낸 후 수도권의 삶을 정리해 부모님 곁인 고향 안동으로 귀향할 가능성도 있으리라 보기 때문이다. 그러하다면 이는 노무현 현상처럼 지역민 입장에서 그리고 국민의 입장에서 반길 수밖에 없다. 이는 전적으로 두 분 내외의 의사가 중요하겠지만 지역의 의견도 중요하지 않겠나 싶다. 가능하다면 안동지역이 새롭게 국민의 관심을 받게 되었으면 한다. 국민이 대통령에 따라 안동 땅 방문에 따른 부수적인 효과가 클 수밖에 없다. 사람들의 출입이 빈번하게 되니 지역 경제를 살리는 계기가 될 수 있다. 전국의 각지에서 전임 대통령을 보러오는 국민이 적잖이 많을 것으로 짐작된다. 노무현 전 대통령의 예를 보아서 이미 이는 어느 정도 예견이 된다. 가급적 고향 귀향을 위해 당사자나 지역민이 적극적으로 노력해줬으면 한다. 안동은 지역 발전도 산업체 유치 등을 할 수가 없다. 안동댐과 임하댐이 모두 다목적 댐으로 수자원 보호지역으로 묶여 있으니 그러하다. 그렇다면 역사성이 무한히 잠재하고 있는 지역이니만큼 전국의 관광객과 체험학습단 등을 많이 유치하는 것이 지역 발전의 요체가 아닐까 한다. 따르는 민중이 많은 전임 대통령이 지역에 상주한다면 얘기는 다른 것이 된다.

이재명 전대표가 자신의 유튜브에서 지금도 고향집 이웃 동네 신남리의 집 안마당에 모셨다던 묘소에 관한 궁금증을 갖고 있다고 하였다. 필자도 궁금하던 차에 현지에서 알아보았다.

이번 방문길에서 민박집에서 알려줘 알게 된 이재명 전대표의 지역 선배 김재호(신남리) 씨에게 휴대폰으로 물었다. 선배께서는 마침 도촌리 마을 인근 신남리에 살고 계셨다. 필자가 물으니 같은 동네에 사시는 분인데도 그런 이야기를 들어 알지 못한다고 말씀하셨다. 그러면서 선배 되시는 분은 아마도 이재명 후보가 어린 시절에 장례 전에 집 뒤뜰에 모셔놓은 초분을 보았지 않았을까 한다고 하였다. 이것을 묘소로 보았을 수도 있다는 귀띔이셨다.

안동 예안 지역에는 참 특이한 현상도 있다. 이씨들이 본관을 한 지역으로 삼아 세가를 이루며 거주해 왔다는 사실이다. 그리고 그 세가마다 역사적으로 대표적인 인물들을 배출하고 있다.

대표적으로는

예안 이씨이다. 세종조의 무관이자 과학자 이천 선생 집안이시다.

두 번째는 영천 이씨 이퇴계의 스승 농암 이현보 선생이시다.

세 번째는 진성 이씨 퇴계 이황 선생과 독립투사이자 시인인 이육사 선생이시다.

네 번째는 고성 이씨 석주 이상룡 집안이시다.

다섯 번째는 원산 이씨가 있다

여섯 번째는 경주 이씨 이재명 후보의 집안이다.

*

안동에는 많은 이야기가 전해지지만 여기서 두 가지만큼은 들려주고 싶다.

첫째가 도산면 퇴계 이황 선생의 며느님 이야기이다. 지금 퇴계 며느님의 묘소는 종택의 맞은편 산 퇴계 선생의 묘소가 있는 바로 밑 전에 모셔져 있다. 살아생전에 시아버지 퇴계를 지극정성으로 잘 모셨다고 한다. 이러한 데에는 두 가지 이유가 있었을 것으로 전한다. 하나는 시어른이신 퇴계 선생의 학덕과 어른으로서의 모습을 간직하고 계신 분에 대한 존경심 때문이었을 것이고, 둘째는 시어른이 평생에 두 아내를 두셨는데 두 분 다 병고로 인하여 일찍 돌아가셨다고 한다. 따라서 시어른께서 아내의 내조를 받지 못하고 살아오신 점에 대하여 안타깝게 여겼다고 한다. 며느리로서 돌아가신 두 시어머님을 대신하여 지극정성으로 모신 것이 아닌가 한다. 며느님은 자신의 죽음을 앞두고 유언까지 하였다. 자신이 죽어서도 시아버지를 모실 수 있게 시아버지 묘소의 가장 가까운 발치에 묻어 달라고 하였단다. 진성 이씨 문중에서는 며느리의 뜻에 따랐다. 오늘날과 같이 묏자리가 유언대로 쓰여 있는 이유이다. 이 얼마나 아름다운 이야기인가.

둘째는 와룡면 『훈민정음 해례본』의 최초의 발견과 그 뒷이야기이다.

『훈민정음 해례본』이 발견된 곳은 1940년 안동의 진성 이씨 퇴계의 집안에서였다. 1940년 한문학자이자 국어소설 연구자였던 『조선 소설사』 저자 김태준 경성제대 교수에 의해서이다. 이를 귀띔해 준 제자 이용준(월북)과 세종실록의 기록과 대조를 통해 진본임을 확인하였다. 이를 간송 전형필 선생에게 알려서 거금 1만원을 주고 구입할 수 있게 하였다. 이후 오늘까지 서울 소재 간송미술관에 소장할 수 있게 되면서 국보 70호로 지정, 오늘날까지 귀중하게 남아 보존할 수 있었다. 당시가 아찔하였던 것은 일제가 한글을 말살하려고 무던히 애를 쓰던 때였었기에 더욱 그러하였다. 『훈민정음 해례본』이 그들에게 발각이라도 되었다면 어찌되었겠는가. 문제는 이 귀중한 책의 해례본이 원래의 소장자는 진성 이씨 문중이 아니고 와룡면 소재의 광산 김씨 문중이란 설이 있다. 이와 같이 소장자의 설이 분분한데 진실을 밝히기에는 너무 많은 세월이 지나온 듯하다. 안동에는 '긍구당'이란 당호로 쓰는 건물이 두 군데가 있다.

하나는 영천 이씨 소유의 분천에서 이주해 간 도산면 가송리 소재의 농암 종택에 딸린 한옥이며, 이와 함께 와룡면의 광산 김씨 소유의 가야길 소재의 한옥이다. 『훈민정음 해례본』은 광산 김씨 한옥인 '긍구당'에 오랫동안 소장되어 내려오다가 1940년 발견된 것으로 보는 것이 좋을 것 같다. 이는 어디까지나 필자의 생각이다.

*

긍구당(肯構堂)-'조상의 유업을 길이 이어가라'

와룡 광산김씨댁의 긍구당

이육사 시인의 대표적인 시는 '청포도'와 '광야'이다. 하지만 필자는 시 '절정'과 '꽃'을 좋아한다. 두 편의 시를 소개한다.

이육사 선생
(1904~1944)

'절정'

매운 계절의 채찍에 갈겨
마침내 북방으로 휩쓸려오다

하늘도 그만 지쳐 끝난 고원
서릿발 칼날진 그 위에 서다.

어데다 무릎을 꿇어야 하나?
한발 재겨 디딜 곳조차 없다.

이러매 눈감아 생각해 볼밖에
겨울은 강철로 된 무지갠가보다

'꽃'

동방은 하늘도 다 끝나고
비 한 방울 내리잖는 그때에도

오히려 꽃은 빨갛게 피지 않는가
내 목숨을 꾸며 쉬엄없는 날이여

북쪽 '쓴드라1)'에도 찬 새벽은
눈속 깊이 꽃맹아리가 움작거려
제비때 까맣게 날라오길 기다리나니
마침내 저바리지 못할 약속이며!

한바다복판 용솟음 치는 곳
바람결 따라 타오르는 꽃 성에는

나비처럼 취하는 회상의 무리들아
오늘 내 여기서 너를 불러 보노라

안동호 숙박-예안면 소재-예안면 행정복지 센터
뒤쪽에 위치 (010-9394-8258)

---

1) 러시아어 툰드라(tundra)의 당시 낱말임. 스칸디나비아반도 북부에서부터 시베리아 북부, 알래스카 및 캐나다 북부에 걸쳐 타이가 지대의 북쪽 북극해 연안에 분포하는 넓은 벌판. 연중 대부분은 눈과 얼음으로 덮여 있으나 짧은 여름 동안에 지표의 일부가 녹아서 선태류와 지의류가 자라며, 순록의 유목이 행하여진다.

7.
이재명 후보의 청년 시절

***

I. 첫인상 (절약 정신과 사회성)

1. 흰 고무신과 교련복

 1979년 12월 12일 저녁 나는 한남동 집에서 총소리를 듣고, 총탄이 날아가는 불꽃을 보았다. 1980년 봄 서울역에서 전경들과 백골단들에 시위대와 시민들이 쫓기며 이리저리로 흩어지는 것을 보았다. 내가 탔던 시내버스는 운전기사도 탈출을 하였는지 마음대로 움직여 남대문을 들이받았다. 사람들은 최루가스가 매워서 이 건물에서 저 건물로 피해 뛰었다. 나도 그러다. 귀가하려는데 버스도 전철도 서울역과 시청역을 무정차로 통과하였다. 장위동 집에까지 갔다. 1980년 5월 초 서울 시위가 잠시 조용해지자 광주에서는 군부가 시민들을 마구 살육하였었다. 그것을 감추려고 '3S 정책'들을 절묘하게 실시하였다. 그렇게 1년이 지나갔다.
 고시원에는 각종 고시를 공부하는 학생들로 언제나 거의 만원이었다. 나는 1982년 가을이 다 되어 어느 독서실에서 신림동 고시촌으로 거처를 옮겼다. 일하러 다니면서 공부를 한다고 마음먹고 갔다. 그때가 서울올림픽 개최지로 결정이 나고 얼마 안 되어서였다. 대학가나 시내는 최루탄 가루를 뒤집어 쓰고 그 냄새로 눈물을 흘리며 다니던 시절이었다. 시간과 돈이 아까워 오래 입고 빨기가 편한 청바지에다가 관리가 편한 흰 고무신을 신고 다니기도 하였다. 생활을 단순하게 하고 지냈었다. 한순간이라도 시간을 아껴 공부하려고 하였던 것이다. 시간도 돈도 가난은 그렇게 하도록 하였었다. 추운 겨울이 되면 운동화에 두툼한 옷을 차려입었지만 말이다.

이듬해 여름에 들어서던 어느 날인가 회사에 민원대기실에 켜 놓은 텔레비전에서 20세 이하이든가 23세 이하이든가 멕시코 세계청소년 축구대회 중계가 있었다. 사람들이 모두 손을 놓고 응원하였다. 한국축구가 세계축구에서 그렇게 잘하는 것을 본 적이 없었다. 연전연승해 4강까지 올라서 많은 이들이 흥분하며 좋아하였다. 그때 축구팀의 모습은 전두환 폭력 정권의 의도와 잘 맞았다. 1981년 하계올림픽 개최지로 우리나라가 선정되었고 청소년축구는 신났다.

1983년인가 이듬해 봄 언제든가 퇴근해 들어오는데 내가 신던 고무신과 같은 것이 신발장에 보였다. 뭐지 싶었다. 그리하고는 한동안 시간이 지났다. 어느 날 그 주인공은 하숙집에서 보았다. 그는 교련복을 입고 있었다. 이 엄혹한 시절에 학도호국단의 폐지 투쟁과 교련반대 투쟁 등으로 학생들이 개고생일 때 교련복을 입고 있는 것이었다. 그리고 그는 학교에 간다며 언덕을 뛰다시피 내려가는데 그 흰 고무신을 신고 가는 것이었다. 교련복에 흰 고무신이라! 그의 마음을 읽을 수가 있었다. 나도 한때 그랬었으니까.

2. 눈곱과 빡빡머리

아침 식사를 함께하는데 세수도 안 한 상태로 식탁에 앉아 먹성 좋게 식사를 하는 것처럼 보였다. 그에게 머리가 그것이 뭐냐고 물었다. 나도 한때는 그렇게 거의 빡빡 깎은 적이 있었다. 그것은 지성 피부가 있어서 감을 때 쉽게 하려고 그러하였다. 그런데 그는 "돈도 시간도 덜 들고 좋잖아요."라고 했다. 그러한 그에게 세수를 좀 하고 밥이나 먹으라 하였더니 씩 웃고 말았다. 참 성격이 밝고 좋아 보였다. 외향적이지 않아 보여도 참 맑고 순해 보였다. 그러면서 하는 말이 많은 생각을 하게 하였다. 장학금으로 하숙비를 치르고 공부하니 "시간도 돈도 아껴야 한다."는 것이었다.

어느 날인가 그는 다른 고시원생들과 함께 여럿이 몰려다니는 듯하였다. 여러 친구들이 서로 친분이 이미 있었던 사람들 같았다. 그중에는 우리 고시원으로 옮겨 오기도 하였었다. 지금도 기억에 이성삼이라는 학생이 함께하였었던 것으로 기억이 난다. 그런데 이재명이 데려온 사람들 같지는 않아 보였다.

그 사람이 좋아서 왔다는 것이 맞지 싶었다. 그는 춘천의 명문고 출신이었다. 그가 아는 서울대생들이 여럿 있었는데 이재명과는 모르는 것 같았다. 그들도 춘천이 그 학교 출신으로서 관악고시원에 와서 함께 하숙하였었다. 고시 공부를 할 때는 서로 아는 사람들을 피해 다니던 시절이었는데 그들이 몰려온 것이었다. 여유가 있어 보였다. 그러고도 시험에 합격할 사람들이라니 부럽기도 하고 의아하기도 하였다. 그런데 후에 들으니 이재명은 그해 사법시험 1차를 합격하였다고 하였다. 그렇게 시간을 아끼는 듯 놀며 여유로워 보였었는데 공부는 언제 또 다하였는지 싶었다.

II. 지혜를 읽다.

1. 문제집의 문제부터 풀어보고

언제인가 밥 먹으며 어떻게 공부하는지를 서로 말을 하였었다. 보통 우리는 "기본적인 교재로 먼저 공부하고"라는 말을 하거나, "목차부터 보고 생각한 다음 책을 본다."라거나 한다. 나는 공부를 하는 효율적인 방법이 있으면 참고하고 싶어 귀를 기울여 듣다 보니 다소 의외의 말을 하였다. "나는 문제집부터 풀어보고 기본서나 교재들을 나중에 본다."라는 것이었다. 그 때는 속으로 이상하다 생각하고는 다시 물어보지는 않았다. '어떻게 책의 내용도 모르고 문제부터 풀었을까'하는 의문을 가지고 방에 돌아와 공부하며 느낀 것이 있었다. 과목별로 중요한 것은 여러 문제집에 중요하게 많이 다루어질 것이란 생각에 이르자 '이게 현명한 그리고 시간을 줄이며 학습하는 요령이구나!'하고 무릎을 쳤다. 그 후 서모 군이 대학 신입생 환영회에서 미화 일을 하며 대입을 공부할 때 자기는 쉬운 교과를 먼저 끝내고 국수영을 후에 집중적으로 하였었다고 하는 말을 들으며 참 지혜로운 학습법이라고 생각하였었다. 그 서모 군도 후에 판사가 되었다. 지혜로운 사람들은 뭐가 달라도 다르다고 생각하였었다.

2\. 장학금

차림으로 보면 넉넉해 보이지는 않았고 용돈 등이 신경 쓰이는 것이 너나없이 비슷한 사람들이 고시원생들이었다. 물론 개중에는 부유한 사람들도 있었지만…. 이재명은 그중에 고무신에 빡빡머리 교련복 등은 넉넉한 살림은 아닌 모양이었다. 이재명은 고시 공부와 학비는 학교에서 주는 장학금으로 충분하다고 말하였다. 일부는 아껴서 집에 좀 드리기도 하였다는 것이었다. 그때는 입학성적이 좋은 학생들에게 사립대학이 학교 명예를 생각해 넉넉한 장학금을 주는 경우가 있었던 때었다. 이재명이 그런 능력의 학생이었다. 우리 고시원이 있는 동네에는 학교가 가까워 서울대생들이 많았다. 그렇지만 고시를 공부하는 사람들은 여러 대학의 재학생이거나 졸업생들이었다.

재학생들은 고시공부를 안 해도 하숙비가 쌌기 때문에 서울대생들이 많았었다. 방학이 되면 학생들의 이동이 좀 있기도 하였다. 고시원에는 방들이 많이 비었고 새로이 또 들어오고 그랬었다. 여름 즈음 그는 고시원에 보이지 않았다.

3. TV의 예능 대선후보 출연

[공부왕 찐천재]란 프로그램이 있었다. 홍진경이 진행을 하였다. 대선후보들을 초대하여 그들의 재주를 보여주었었다. 안철수는 방정식으로 설명하였었고, 윤석열은 이차방정식을 가지고 설명하였었다. 하나는 중1에서 또 하나는 중3에서 배우는 단계들이었다. 그런데 정말 지혜로운 것인가를 알기는 쉽지 않았다. 그냥 기계적인 풀이 말고 방송프로에 맞게 또 보는 이들도 수학은 재미있는것이라는 것을 느끼게 하였더라면 좋았을 터인데 아쉬웠다. 그런데 이재명은 달랐다. 중2 수준인 도형의 닮음과 합동을 가르치는 모습을 보여주었다. 매우 알기 쉽게 설명하는 모습에 진행자들이 감탄하였다. 수학 선생님이 그렇게 가르쳤더라면 많은 수포자가 좀 줄어들었을 것이다. 수학은 언어 의미에 맞게 직관적으로 설명하는 것은 배우는 사람들에게 흥미를 더 유발해 도전하고 싶도록 하였다. 다른 후보들이 자기들도 그런 것을 선택하거나 해보는 모습을 보여주었었다면 좋았을 것인데 매우 아쉬웠다.

III. 부지런한 모습

1. 등교하러 언덕을 뛰어 내려가던 모습

우리가 살던 고시원 문 앞은 내리막길이 있었다. 그 길옆에는 밭이 펼쳐져 있었고, 길을 따라 위로 올라가면 밭과 고시원이 지어져 있었다. 그 끝에는 산 능선이 있었다. 고시원생들은 식사하고 틈나면 산책으로 그 산으로 올라가 소화를 시키고는 하였었다. 출근하는 사람들과 강의를 들으러 가는 학생들은 그 언덕을 내려가고는 하였었고.... 그 언덕은 어느 정도 가파른 편이어서 몸이 쏠리는 상태로 발걸음을 내딛는 길이었다.

그 길을 나서서 등교하는 이재명은 달리듯 하며 내려갔었다. 한 손에는 가방을 들고 간다. 발을 보니 흰 고무신을 신고 간다. 미끄러울 터인데도 잘도 내려갔다. 하루 이틀 그런 것이 아닌 듯하였다. 복장을 보니 교련복이었다. 교련을 받을 학년인가 싶었다. 밝고 부지런한데 머리는 왜 그리 빡빡 밀었는지 싶었다. 그런것을 후일에 생각해 보니 시간과 돈을 아끼며 단순한 생활로 목표를 향해 매진한 것임을 이해하게 되었다. 참으로 현명한 사람이었다.

2. 땀내와 최루탄 냄새

1980년대 대학가에는 늘 시위와 최루탄이 난무하고 캠퍼스에는 형사들이 상주하였었다. 그때 서울대에는 총학생회가 군

부정권에 의해 존재하던 어용 학생회인 학도호국단을 비판하며 부활하고 있었다. 그 당시 학도호국단의 대표는 백모 학생이었다. 그 제도를 비판하며 학생회를 들고 나선 이들이 있었다. 그들은 이모 법대생과 김민석 사회대생 등등이 있었다. 그들은 학생회 활동을 하며 거의 맨주먹으로 정권과 싸웠다. 무지막지한 무기나 폭력을 가하는 정권 앞잡이들에 대항하여 학생들은 돌과 보도블록을 깨뜨려 맞섰다. 화염병을 가지고 대항하는 정도였었다. 정권의 앞잡이는 전경과 백골단들이 맡았었다. 그들은 쇠파이프를 종이로 말아 쥔 몽둥이나 방패로 시위대 학생들을 폭행하였다. 심지어 생명을 빼앗기까지 하였었다. 대학가의 경찰서는 잡혀간 학생 시위대들로 넘쳐나기도 하였었다. 70~80년대는 그러하였었다.

이럴 때 자기 영달을 위해 고시공부나 하는 사람은 그에 대한 미안함을 가지거나 무관심하거나 비난하는 경우도 있었다. 그 가운데 지금 고위직 공무원이나 정치가로 자리한 사람들이 많다. 매우 독특하게 고집이 강해 자기 논리로 시위를 옹호하거나 반대하는 사람들이 가끔은 논쟁하던 것이 기억이 난다. 그 가운데 시위에 무관심하던 사람들이 있어 우리를 지금 어렵게 하기도 한다. 운동권에서 자세전환을 한 사람으로 정권의 한자리에서 우리를 또 힘들게 하는 사람들이 있기도 하다. 일부 그들은 이해하지 못할 억지로 역사와 문화를 뒤집어 보통사람들을 속상하게 하고 있다.

그런데 교련은 군부 독재 정권이 자기들의 의식을 교과로 강제적으로 수강하게 하는 것의 상징이었는데 교련복을 입고 활보한다는 생각을 하니 이상하였었다. 그런 교복을 입고 들어온 어느 날 이재명에게 최루가스 냄새가 나는 것을 느꼈었던 기억이 있었다. 그때는 그것이 뭐 그러할 수도 있겠지 하고 잊었었다. 한참 뒤 어느 장소에서인지 누가 공부하면서도 시위대에서 자주 보고는 하였다는 것이었다. 어느 방송에서인가 그의 은사이신 이상돈 교수가 또 그런 얘기를 하는 것을 보고 이재명을 다시 생각해 보았다. 책임의식은 지식인이 가져야 할 것임을 보여준 본보기였다는 증언이었다. 그것이 그를 내가 다시 보게 된 것이었다.

Ⅳ. 전국 검정고시 총동문회

1. 형제가 우연히 만나 놀라며

전국대학 검정고시 연합동문회(전검련)는 1989년 11월 11일 저녁 서울 강남구 역삼동의 반도 유스호스텔 대연회장에서 전국 검정고시 총동문회(전검동)를 창립하였다. 1988년 11월 22일부터 대학 재학생 조직이었던 전국대학 검정고시 연합동문회가 주체가 되어 추진해 창립하였다. 대학 재학 검정고시 출신 학생들은 늘 선배들의 지지와 후원에 대한 아쉬움을 느껴왔었다. 졸업한 선배들을 설득하며 지지를 얻고 준비위를 만들어 1년여 걸려 전국 검정고시 총동문회를 만들었다.

창립 당일인 오후 5시부터 선배들이 몰려오기 시작하더니 대연회장이 가득 들어찼다. 이때 회계감사가 필요하여 이재명의 형 이재선 회계사를 선임하였었다. 회의가 시작되기 전에 접수대에서 "어, 형님이 여기를 왜?", "그럼, 넌 어떤 일로?" 하는 인사가 있었다. 그리고는 이재선 동문의 아이를 받아 안았다. 아이를 받아 안은 이가 이재명이었다. 그들은 형제였다. 그때는 그렇게 보기 좋고 아름다웠다.

2. 조직 확대와 산행

  전국 검정고시 총동문회는 점점 조직을 키워가며 각 지역별 지부를 창립하기에 이르렀다. 그 가운데 적극적인 곳이 성남시였다. 사회성도 좋은 유모 동문이 열성이었다. 그곳에 이재명의 형제들도 있어서 오피니언 리더로 함께 하였었다. 한동안 지부 운영이 잘 된다며 좋은 소식을 전해 주고 있었다. 그런데 10여 년 지나면서 그곳의 여러 동문들이 걱정스러운 말을 전해왔다.

  조직의 홍보와 단합을 위한 우리의 정기행사인 산행대회를 그때 전남 광주동문회에서 주최하였었다. 전남 승주의 조계산 산행이었다. 그때 서울, 대전, 대구, 부산, 경남에서 많은 동문들이 함께하였었다. 그 자리에 이재선 동문도 있었다. 차 안에서 노래들도 부르며 즐거웠었다. 어느 정도 목적지에 다가갈 때쯤 차 뒷자리에서 약간의 소란이 있었다. 술을 마시니 그렇다는 사람과 전에도 가끔 그런 고집을 부리기도 하였다는 말들이 들렸다. 그런 것을 사무총장이었던 나는 이렇게 저렇게 달래가며 산행을 하도록 하였다. 서로들 잘 참아가며 마치게 되었다. 이후 이재선은 감사를 사퇴하였다.

V. 공익정신

1. 분당파크뷰 분양사건

새천년 시작 초 언론에 매우 시끄럽게 도배된 것이 분당파크뷰 분양사건이었다. 그때까지만 해도 주상복합 아파트는 분양이 수의계약도 가능하였었던 시기였었다. 그것을 건축한 회사는 SK건설이었던 것 같고 분양은 엠디엠이 하였었다. 분양에서 계약에 참여한 사람들이 정관계에서 힘 있는 사람들이 많았다. 당시 문제점을 이재명은 파헤쳤고 그것이 자주 언론에 나왔었다. 젊은 변방의 변호사가 대들어 거대 권력과 싸우는 것이었다. 거대한 권력에 부당함이 있다면 달려들어 싸우는 그 힘은 어디서 나왔는지 보는 내가 다 두려웠었다.

그 일이 어느 정도 갈무리가 되어가고 구속되었던 분양대행사 대표도 무죄로 출소하였다. 이재명 변호사도 일상으로 돌아간 것 같았다. 공권력의 쓰임에 깊이 생각해 보게 되었다. 그리고 성남시장, 경기도 지사의 이재명을 보았다. 그때의 성남시장과 후의 성남시장을 생각하면 어떻게 행정을 하는 것이 더 나은지 비교하게 되지 않는가?

2. 성남시장

　모 대학교 총학생회장 출신인 후배가 내게 언제인가 와서 "형, 이재명이 우리 동문이니 나를 좀 소개시켜 줘"하였다. "왜 뭐 때문에?" 그 후배는 자기가 사업을 하는데 이런 새로운 공법을 가지고 공공 발주 일을 하는데 도와주면 좋겠다고 하였다. 나는 아마도 동문이라고 하고 들어가면 더 조심할 사람이라 힘들 것이라며 그냥 직접 담당자에게 가 정식으로 일을 도전해 보라고 하였었다.

　한참 뒤에 그 후배를 만났을 때 "어떻게 되었니?"라고 하였더니 말도 못 꺼내게 하였다. 누가 안다고 찾아오고 부탁하고 하는 것에 심하게 문전박대하였던 모양이었다. 인연 관계로 공무를 생각하면 안 된다는 의식이 누구보다 강한 사람인데 무리하였던 것이다. 또 다른 후배는 이재명과 같은 학교 출신이었는데 그 친구도 아마 비슷한 경험을 당하였는지 매우 서운함을 내게 표현한 적이 있었다. 그런 경험을 당한 사람들은 이재명에 대해 좋은 평가를 안 한다. 이재명은 그것이 비리를 만들 개연성이 크고 그런 것을 보아 온 터라 그랬을 것이다. 그런 태도로 시정을 한 결과는 되레 이재명이 성남시장일 때 '나도 성남으로 이사를 가고 싶다.'고 하는 평가를 낳았다는 생각이 든다. 경기도 지사일 때는 서울 근교에 사는 경기도민들이 지방의 어디에서 왔습니까?" 라고 하면 대충 서울이라 말하던 사람들이 이제는 경기도 00에 산다고 할 정도로 사람들은 달라졌었다.

어디 그렇게 만든 행정가를 본 적이 있었는지 나는 지금 물어본다.

Ⅵ. 세평

1. 그것이 아닌데

사람들은 직접 가까운 사이가 아니면 진실을 알고자 하는 노력을 하지 않는 것이 대부분이다. 그것은 타인을 오해하기 쉬운 일이 될 수 있다. 언론이나 세평에 대한 것으로 사람을 판단하고 욕할 위험성이 높다. 카더라 라는 소식만 듣고 믿어버리는 것을 실제 자주 듣고 본다. 그것을 들은 사람들은 또 그 소문이 사실인 양 퍼뜨린다. 그러다 '아니면 말고'라고 여기면 그뿐이다.

이재명에 대한 것도 내가 아는 한 그런 것이 좀 있었다. 나도 한때는 그러한가 하고 의심도 하였었다. 2011년인가 모 공중파 방송 예능에서 어느 연예인이 한 말이 뇌리에 꽂혀 남아 살펴본 적이 있었다. 그리고 그것은 한참 뒤에 지자체 선거에서 어느 후보가 문제를 제기하였고 의심이 해결되었다. 함부로 사람을 의심한다는 것이 얼마나 위험한 것인지 다시금 반추해 보는 순간이었다. 이것을 아직도 믿는 것은 물론 가족사에 대한 것도 제대로 모르고 평가하면서 우기기도 하고 남의 가슴을 헤집는 것을 주위에서 본다. 아니라고 해도 들으려 하지 않고 자기 주장이 옳다고 우긴다. 그것이 아닌데….

2. 어떻게 말할까!

어떻게 말할까! 서울대라도 졸업하였더라면 정말 그럴까!

검정고시는 한때는 정규학교를 속성으로 마치려고, 또는 다니는 학교가 맘에 안 들어서 어느 시기부터 가난과 시기를 놓친 사람들이 하는 제도가 되었다. 가난으로 학업 시기를 놓친 사람들이 주로 공부할 때 이후로 그들이 성공하면 독종, 그들이 좀 뭔가 잘못하거나 부족해 보이면 '그러면 그렇지'하는 소리를 한다. 그러는 사람들도 자기 집안에 검정고시 출신들이 거의 다 있다시피 하는데도 많이 그렇게 말한다. 나도 내 인척 어느 분이 그런 소리를 하는 것을 듣고 오기가 생겨 그 집에 인연을 맺어 살고 있다.

검정고시를 통해 뭔가 할 수 있음을 경험한 사람들은 어려움을 벽으로 느끼기보다 극복의 대상으로 여기는 경우가 종종 있다. 그들은 역경에 대한 태도가 비교적 긍정적이다. 삶의 태도가 그렇다는 것이기도 하다. 포기할 만도 한데 그들은 포기보다는 극복하면 더 좋은 것이 기다리고 있음을 안다. 그런 인물이 지금 우리에게 와 있다.

대한해협에 비닐 테입 등으로 꽁꽁 묶어 빠뜨려 죽이고자 시도하였었다. 그럼에도 우리 국민에게 복이 있어 살아나서는 정보통신 강국이 되게 하고 외환위기를 극복하게 한 사람이 있었다. 우리나라는 정치적인 입장이 다르면 어느 한 정당은 상대를 심하게 물리적, 정신적으로 탄압을 한다. 지금 그들의 후예들이 남아 또다시 우리의 리더로 커 온 인물 하나를 악을 써서 죽이려 들고 있다. 그가 얼마나 미우면 그러할까! 그는 리더가 되면 그가 대표하는 집단의 구성원들에게 어떻게 평가를 받았는지 보았을 터인데 사람들이 그것을 모르거나 모르는 체하고 있다. 사이다 발언을 하였다고, 공적인 일을 처리함에 공권력을 사용함에 종교단체가 좀 어려웠다고, 인연 중시 사회에서 부패하지 않게 공인 의식을 지켜온 그를 누가 악마라고 한다. 이 사회와 썩은 언론들과 나쁜 정치세력들이 악마 짓을 하며 상대을 악마라고 뒤집어씌워 놓고 나쁜 짓을 서슴없이 한다. 또 그것 아무 생각 없이 믿는 사람들도 있다. 그는 공적인 삶을 제대로 살며 지혜로운 행정을 펼쳐 온 산 증인인데도 그렇게 대한다. 나는 이를 알리고 싶다. 그는 악마가 아니고 유능하고 지혜로운 우리 사회의 소중한 사람이라고 … 그 사람은 악마가 아니고 공사 구분을 확실하게 하는 삶을 제대로 살아온 사람이라고 말하고 싶다. 트럼프의 위험한 정책과 핵으로 험한 소리를 하는 김정은을 대해야 하는 지금 우리에게는 현명하고 지혜로운 결과를 보여줘 온 이재명이 필요하다.

- 이진신 (전 전국 검정고시 총동문회 사무총장) 글 중에서 -

8.
이재명 후보를 담금질한 성남시에 가다.

＊＊＊

이재명 리더십이 확립된 곳

필자가 성남시에 가 본 것은 지금까지 모두 합해서 네·다섯 번이었다. 그중에 처음 가 본 것은 또렷하게 기억한다. 필자가 검정고시 총동문회 회장으로 재임할 때(1996) 성남시 지부장의 초청을 받고서였다. 필자를 초청한 지부장이 현 더불어민주당 이재명 후보의 형인 이재선 회계사였다. 아마도 그때는 형제간의 싸움은 없었고 의가 좋았을 때이었다. 이재명 후보가 시민운동을 할 때이었으니 형제간의 의도 괜찮았을 것으로 미루어 짐작한다. 두 번째 방문은 2014년 세월호 참사 때 팽목항에서 출발한 상경 도보순례단이 성남시를 경유할 때 마중 삼아 나갔을 때였다. 촛불 선배 김태동 교수 일행과 함께하였다. 이때 그 유명하였던 성남시 호화 청사(?)를 처음 보았다. 그리고 그 즈음에 세 번째 방문을 하였는데 고 이영우 동지가 이재명 시장과 점심을 같이할 수 있다고 해서였다. 나에게 귀띔을 해줘서 함께 성남 시청으로 갔고, 시청 주변의 대중식당에서 점심을 함께 나눌 수 있었다. 나의 저서『민중의 공정시대 선언』(2012년 출간)을 증정하였다. 이때는 형제간의 싸움이 세간에 파다하였는데 내가 이 시장에게 형을 만나서 중재를 서 보겠다고 하였다. 이 시장은 형제간의 거리가 돌아올 수 없는 강을 건넜다며 나의 제의를 사양하였던 기억이 있다. 난 그때 검정고시 선배로서 후배 이 시장을 대하기는 하였지만 그와 검정고시에 대하여서는 별로 말하지 않았던 것으로 기억한다. 아무튼 성남시에는 이런 이후 개인적인 용무로 이재명 후보와는 상관없이 두·세 번 더 갔던 것으로 기억한다. 그러고 나서 이재명 시장을 다시 본 것은 광화문 세종문화회관 앞에서였다. 단식 농성 때 격려 차원이었다. 그것이 전부이었다. 이 후보가 이후 정계에 깊숙이 참여하여 경기도 지사에다 대선 후보까지 지냈고, 지금은 제1당인 더불어민주당을 이끄는 유명한 대표이지만 만나본 적은 없었다. 이번에 이렇게 저서를 기획하게 된 것은 두 가지 이유가 있는데 책 제목에 관련해서는 검정고시의 인연이 발동해서라고 할 수 있다. 나의 관심사인 민중의 집권시대를 열망하는 입장에서 있었기 때문이다. 이재명 후보는 누구도 부정할 수 없는 민초인 서민 출신이다. 다른 하나는 나의 저서『민중의 공정시대 선언』에서 가리키듯이 국가 사회의 근본적인 개혁을 민중을 통해 바꿔가야 한다는 평소의 관심이 작동해서이다.

쉽지 않은 일이기는 하지만 결국 인류의 향후 대안은 민초에 기반을 둔 민중의 세상을 열어가야 한다고 본다. 방향이 옳아도 이미 기득권화된 기성 집단과는 논의하기 어렵다. 나의 이런 생각에 실마리라도 제시한다면 아마도 김대중 '국민의 정부'나 노무현의 '참여정부'가 아니면 별무였다라고 하겠다. 이런 중에 민초 이재명의 출현은 분명히 반가웠다. 평소 민중의 대변자가 될 수 있으리라 보고 있었다. 무엇보다 깡촌 예안 출신이었고, 성남시장으로서 보여주었던 서민에 근거하여 여러 면으로 민정을 펼치는 모습을 보면서이었다. 따라서 출판인의 자유적인 양심과 선배 검정인으로서 도와주어야 하는 것도 인지상정이라고 생각하였다. 최근에는 이재명 후보를 민초의 상징으로 모셔볼 수도 있겠다고 기대하게 되었다. 이렇게 후배를 생각하는 선배의 입장에서 한 권의 책을 기획하게 된 것을 매우 기쁘게 생각한다.

이재명 후보는 앞에서 누차 강조하였지만 리더십이 탁월하다. 그것도 기득권에 편승하지 않고 홀로서기하는 모습에서 더욱 그렇다. 그의 또 하나의 상징어인 '사이다 발언'을 보면 언제 어디서라도 숨김없이 솔직히 하는 것은 이런 모습을 잘 보여준다. 자신의 양심을 숨김없이 노골화하는 데에서 솔직담백하다. 그것이 그의 강점이라 할 수 있다.

초등학교를 졸업하고 바로 소년공이 되었지만 좁고 초라하였던 시절과 달리 이주한 도시에서의 아이는 새로운 삶에 흥미를 느꼈을 것이다. 새로운 것의 관심이 어쩌면 경이롭게 다가 왔으리라는 것은 어렵지 않게 짐작할 수 있다. 함께하는 사람들과 아니면 또래들과 함께 많은 이야기를 나누면서 자신의 삶과 비교하는 기회도 자연이 많았으리라. 이것이 오늘의 이재명 후보를 만든 실질적인 힘이라고 본다. 앞으로도 우리 국가의 사회가 기대할 수 있는 것이라 할 것이다.

성남시는 남한산성의 남쪽에 위치한 도시로서 역사적으로 엄청난 불행을 수반하였던 도시이다. 하나는 1636년 조선의 인조 때 병자호란을 맞이하면서이었다. 남한산성을 끼고 있는 성남시 일원이 온통 피비린내로 얼룩져 도륙의 참상이 이뤄졌던 수난의 도시이다. 인조가 잘못 대응해서이었다. 또 다른 하나는 6-70년대 서울에서 황망하게 쫓겨 나온 철거민들을 안온하게 수용해 준 곳이다. 수탈당한 민중이 안착지로 삼아 모여들었다. 다수의 사람들이 강제이주되어 비로소 광주시에서 떨어져 나와 격상된 도시가 지금의 성남시이다. 이후 분당이 개발되면서 서울 주변에 위치한 위성도시 중에는 양과 질적인 면에서 크게 발전된 고무적인 도시라 할 수 있겠다. 하지만 무리가 되었는지 지도력이 없었는지 시의 살림이 크게 팍팍하였다. 일순간에 부채에 허덕이는 가난한 도시가 되어버렸다. 재정자립도가 마이너스를 기록한 불명예의 기록을 갖고 있는 도시이다. 그 중심에는 상징적으로 전국에 회자되었던 초호화 청사의 건립이 있다.

그 와중에서 성남시는 임자를 만났다. 난세에 영웅이 난다고 하였다. 바로 불세출의 이재명 인권변호사가 주인공이었다. 이 후보가 정치인 시장이 된 동기는 알려진 대로 그의 신념인 인권변호사로서의 결의에 의해서이었다. 무엇보다 민초이자 서민인 민중을 위해 발 벗고 나섰다. 그의 첫 염원의 과제 중에 현안은 지역에 의료원의 설립이 중심이었다. 이 과정에서 시민운동가로서의 한계도 알았다. 법적으로 제소까지 당하였다. 이것을 기회로 본격적으로 정치인의 길로 나서게 되었던 것으로 안다. 재도전 끝에 시장이 되었다. 시는 재정을 빚 갚기에 골몰하지 않을 수 없었다. 일을 제대로 할 수가 없음을 곧 알게 되었다. 이것이 국내 최초로 혁명적인 발상이라 할 수 있는 초유의 모라토리엄을 선언하였던 계기이었다. 이재명 시장이 첫 번째 결기를 보여준 강력한 지도자의 모습이라 하겠다. 지도자라면 당연하게 보여줘야 할 덕목이었다. 이재명 시장은 성남시민들에게 강인한 인상을 남겼다. 이후 더욱 이재명 시장을 빛나게 하였던 것은 그 자체로 인권이었던 여성 생리대의 무료지원, 산후조리원 무료지원 등 친화적으로 서민들을 챙긴 점이었다. 일찍이 다른 지자체에서 보지 못하였던 새로운 발상의 서민 친화적인 복지제도의 시행이었지만 그것이 본래 시의 기능이었다. 여기에 지역 상품권 제도를 만들어 지역 내 상권에서만 통용할 수 있는 굿 아이디어도 제도로 정착시켰다. 이른바 성남판 내수경제 진작책이라 할 수 있겠다. 타지역에서도 원용해 활용되었다. 그리고 성남시만의 불문율을 만들어 시행하였고 타지역과 차별화를 이뤘다는 점이다. 여기서 지도자로서의 덕목은 직원들에게 공복으로서의 자부심과 함께 책임 행정을 위한다며 상징성으로 가슴에 명찰 달기를 의무화하였던 것도 참으로 좋았다. 무리한 것 같았지만 이재명 시장은 공무원의 신분으로 민중을 위하는 것이 무엇인지를 분명하게 인식하기를 원하였다. 이 또한 무리 없이 적응할 수 있게 하였는데 이 모두가 이재명 시장표로 발상의 전환에서 비롯한 것이다. 검정고시인은 하나의 공통점이 있다. 자발정신과 목표의식이 뚜렷하다는 점이다. 이재명 당시 시장도 바로 이런 검정인의 모습을 그대로 보여준 것으로 보아야 한다. 공무원 사회에도 투명성과 창의성은 독려하면서 객관화와 동시에 진정성이 무엇인지를 계도해 나갔다. 이를 그냥 힘으로 밀어붙이기보다는 신뢰적인 기풍인 신상필벌을 정확히 적용하였음은 물론이다. 지도자로서의 덕목이 빛을 발하였던 시기라 하겠다.

성남의료원

9.
정치인, 이재명의 전환시대의 논리

***

차기 정부는 미국의 트럼프 정부와 임기가 같다.

   이는 매우 중요한 사실이다. 미국보다 우리 대한민국으로서는 절호의 기회로 보인다. 향후 4년간 미국과 함께 세상을 내다볼 수 있게 되었다는 점에서이다. 무엇보다 중요한 점이라 하겠다. 한미 양국이 한 정권하에서 4년간 심도 있게 논의할 수 있는 구도는 쉽지가 않다. 그만큼 지속력을 갖고 사안을 논의할 수 있는 근거가 생겼다는 것으로 보아서 안정적이다. 무엇보다 미국이 북한과의 관계 정상화를 결국은 꾀할 것으로 보는 시점에서이다. 한국과 북한, 미국이 각기의 지도력과 접촉 빈도 면에서 상승효과가 따를 수밖에 없다. 전담팀을 편성 강화시켜야 한다. 대한민국으로서는 초미의 관심사인 외치가 조기에 안정 기조를 확보할 수 있게 되었다고 보아도 좋을 것이다. 이는 급한 내치 즉 나라 안의 긴급한 현안을 다각도로 챙길 여유가 생겼다는 것을 의미한다. 트럼프가 먼저 출발한 것이

다소 문제라면 문제인데, 후발주자로서 먼저 저쪽이 시행해 가는 것을 보며 감을 잡고 챙길 수 있게 된 것은 전술 면에서는 나쁘지 않다. 더욱이 트럼프의 2기 집권이기에 더욱 잘되었다. 트럼프는 성과를 내야 할 시점에 있기 때문이다. 이후의 수를 더 잘 알 수 있는 이유이다. 여기에 우리의 차기 주자는 트럼프에 비해 1년여 시간이 더 잡혀 있다. 그러한 만큼 우리로서는 전반을 아우를 수 있는 데에서 여유가 생겼다고 보아야 한다.

외치의 가장 비중이 큰 미국과의 상호작용이 이렇게 안정된다면, 우리의 최대 관심사는 내치이다. 많은 부분에서 활력이 분출할 수 있다. 우선은 탄핵된 괴수가 그르쳐 놓은 각종의 정책들을 재삼 살펴서 다시 성장 기조를 만들어 낼 수 있어야 한다, 대외의 전쟁은 종식될 것이고 남북 간에 얼어붙어 있는 상호교류도 물꼬를 다시 트게 될 것으로 봐야 한다. 남북의 만남은 조기에 재개시켜야 한다. 트럼프의 역할도 중요하다. 따라서 예의주시해야 한다. 예를 들어 개성공단의 재개가 조심스럽지만 또 다른 측면에서 이재명 후보의 관심사인 북방정책을 새롭게 가닥을 잡을 수도 있으리라 본다. 이와 동시에 새 정부의 국정 기조의 원칙은 부서 전반에서 선순환 이론이 적극적으로 활용될 수 있도록 집중해야 한다. 대통령 입장에서는 조기에 국정이 리듬을 탈 수 있도록 하면서 그 속에 흐트러졌던 원칙을 다잡아 재확립할 수 있는 분위기를 만드는 것이 무엇보다 중요하다.

대전환시대 상징의 핵심은 직접민주주의이다.

 이재명 후보가 직접제를 경기도 도정에서부터 거론하였다는 점이 의미심장하다. 민주당의 당원 주권시대를 연 것은 그 일환이었다. 당원 주권이란 직접제를 하기 위한 일환 중의 하나이다. 이것이 총선의 승리까지 견인해 냈다. 120여만 명의 진성당원이 있다고 하였다. 엄청난 숫자이다. 앞으로 직접제를 구현하는데 무엇도 두려울 것이 없어야 한다. 최근 국회 대표연설에서 국민소환제까지 거론하였으니 직접제의 신호탄을 쏘아 올린 것이다. 재임 중 직접민주주의는 많은 진척이 있을 것으로 보인다. 이는 대의제에서 직접제로 바뀌는 것으로 리영희 선생의 말씀대로 대전환시대의 논리가 적용, 새로운 시대를 열어가는 시대정신의 돌입이라고 할 수 있다. 국민 속에 직접제를 거스를 수 없도록 대세를 만들어야 한다. 총선에서 진 상대 당도 이와 같은 대세를 따라오지 않을 수가 없을 것이다. 그럼에 따라 선두주자 민주당은 정국의 주도권을 쥐고 상당한 기간 시대를 이끌어갈 수밖에 없다. 필자는 차기 정부에 제안한다. 다름이 아니라 17개 지방정부의 수장인 도지사와 시장들에게 지금보다 역할을 좀 더 중시하라는 점이다. 각료 이상의 비중으로 대통령이 참석하는 정례회의를 가져야 한다는 점이다. 1년에 두 번 정도이면 좋겠다. 안건에 따라 해당 국무위원이 참석하는 것을 검토하라. 이는 대의제 시대를 보내고 본격적으로 직접제 시대를 맞이하기 위한 사전 예행연습이라고 해도 좋을 것이다.

이재명 후보는 순발력이 남다르다.

그만의 서사를 갖고 있는 측면에서 더욱 그렇다. 개인이 서사를 갖고 있다는 것은 크나큰 축복이다. 인간으로서 도무지 감당하기 어려움 속에서도 쉼 없이 자신을 쇄신시켜 온 결과이다. 자신의 방향성을 분명하게 하고 자신을 단련시켜 왔다는 점에서다. 이재명 후보에게서 국민이 감동을 받을 수 있는 소재가 많다. 이와 같은 지도자에게서는 모든 이의 귀감이 되고 시간이 갈수록 존경을 표할 수밖에 없다. 국가와 국민을 대함에 있어 진정성이 수반되어 있기 때문이다. 고향 안동/예안의 산천 경계를 넘나들며 호연지기를 키운 모습이 여러 면으로 드러날 것이다.

예전에는 '개천에서 용이 난다'라고 말을 하였다. 문명이 개벽 천지를 수없이 갈아엎는 이 시점에서 크게 설득력이 없어 보인다. 이제 이재명 후보를 통해서 그런 점을 다시 볼 수 있게 될 것이다. 이는 참으로 아름다워서 누구보다 자라나는 우리 아이들에게는 큰 귀감이 될 것이다.

우리 사회는 진작부터 몹쓸 병에 절어 있는 것이 있다. 바로 천박한 기질이다. 비인격적이다. 너나 할 것 없이 이를 조속히 배격시켜야 한다. 천박함의 예를 들어보면 이러하다. 자신은 어떠하든 상대가 시골 출신이라든가, 노동자 출신이면 먼저 깔

보는 경향이 있다. 아니면 정규과정이 아닌 검정고시인, 나아가 방통대 출신이라면 뭔가 낮게 보고서 쉽게 본다. 서울법대 출신이면 신이라도 모시는 듯 대하는 속 없는 사람들의 전형이다. 노예근성의 작태라 할 수밖에 없다. 이 못된 사고방식의 틀에서 빠르게 벗어나야 한다. 소위 엘리트(출세) 병에 걸신들린 자들이다. 자신도 똑같은 출신의 부류인데도 오히려 더한다. 이어서 기를 못 쓰게 하고, 면박을 주는 풍토가 만연하다. 사람이 사람을 쉽게 보는 풍토에서 연유한다. 사람이 여타 동물에 비해서도 못하고 천박하고 야비한 부분이라 하겠다. 거듭한다. 머슴이 더 무섭다는 속담이 딱 여기에 어울린다. 모두들 세상이 돌아가는 추세를 둘러보도록 하자. 세상은 AI 시대를 맞고 있다. 속도감에 더하여 물갈이의 상징인 로봇의 대중화 시대가 밀려오고 있다. 나라의 상황이 어떻게 되든 부질없는 싸움으로 세월만 보내고 있을 수는 없다. 이재명 후보의 경우가 바로 이런 경우이다. 대한민국 제1당의 대표임에도 쉽게 보고 막 대하는 것은 다 이런 천박함에서 연유한다. 집단으로 린치를 가하는 것에 거리낌이 없다. 왕따 사회가 갖는 전형적인 모습들이다. 있는 자들은 구조적인 면에서 그러하다고 하지만 같이 없는 자들끼리 더한 것은 쉽게 이해하기 어렵다. 인간의 탈을 쓰고는 도저히 있을 수 없는 망각 행위와 다름이 아니라 할 것이다. 대한민국이 갖고 있는 깊은 병이다. 지금 이재명 후보를 대하는 행태를 보면 잘 알 수 있다. 가난한 깡촌에서 공부도 못하고 도시로 나와 대성하다 보니 솔직히 배가 아픈 것 같아서가 아닌가. 스스로가 못 가진 것에 대한 시샘이 어제를 들먹이는 것이 아닌가 한다. 여기에 현재를 인정하기 싫은 모자람이 못난이 소양으로 표출하는 것이라 할 수 있다. 이 얼마나 천박함의 극치인가. 상대를 인정할 줄 알아야 자신이 발전하고 동시에 지역과 나라도 발전하는 것이 순리이다.

사회적으로 점차적으로 불식시켜 나가야만 한다. 그러하자면 이재명 후보는 어떻게 하여야 할까. 일정한 기간은 별수 없다. 준비를 잘해서 대통령이 되면 당당한 모습으로 국정을 살펴야 한다. 아마도 대통령이 되고 나서 얼마 후까지는 별짓을 더 할지도 모른다. 천박성은 자신도 모르게 누군가에 증오심으로 발동시키게 마련이다. 앞으로 이것이 눈에 선한데 평소 이재명 후보가 보여준 순발력과 혜안으로 대응하라. 언제인가 이들 스스로가 누그러트려질 수 있도록 자세만큼은 진정성이 있어야 한다. 성공한 대통령으로 거듭나면 이 한국의 몹쓸 병은 눈에 띄게 잦아들 것이고, 언제인가는 에너지원으로 삼아갈 수 있을지 모른다.

한편 이재명 후보가 최근에 표방한 중도보수에 찬성한다. 필자가 이렇게 찬성하는 것은 민주당의 정체성은 진보성보다는 이 보수색채에 더 가깝지 않나 하는 점 때문이다. 필자가 보는 한에서 이 나라에는 진보다운 진보가 없다. 있었다면 정당으로서는 민주노동당 정도이다. 진보를 지향하는 정파가 없으니 진보도 아닌 민주당을 진보당이라고 하는 볼멘소리가 있게 마련이다. 그런 면에서 이번의 중도 표방 선언은 참 잘되었다. 수구 내지 극우로 돌아간 '국민의 힘'은 설 자리가 없으니 해체되어야 마땅하다. 일부인 국회 계엄 해제에 등원한 18명의 건강한 보수와 통합까지도 서둘러라. 건강하고 실용주의적인 보수 재건에 나설 수 있도록 하라. 한편으로는 진보는 진보적인 가치관을 가진 인재들이 규합되어서 진영을 재정비하도록 하라. 진보적인 아젠다를 확실히 정립하여 새롭고 신선하게 국민에게 다가올 수 있도록 하라. 국민 중 누구도 아닌 민중을 대변하고, 보호하는 것이 진보의 중심적인 가치이다. 그리고 집권 플랜도 확고하게 짜서 제시하라.

거듭 말한다. '국민의 힘'은 이제 보수가 아니다. 그리고 앞으로 대표할 수 없는 것으로 보아야 한다. 무엇보다 건강성을 잃었기 때문이다. 극우로 치우쳐 국민 20% 미만을 대변하려 하고 있으니 보기에도 애처롭다. 강짜만 부리는 것을 능사로 삼아 즐기듯이 하는 것은 다 이런 이유에서이다. 자기가 누구인지도 모른다. 예를 들어보자. 그들의 터전인 경상도가 어렵다. 지역은 그들을 엄청나게 지원하여 도왔다. 그런데 재정자립도는 계속 하향추세이다. 지금 이것을 알면서도 지역을 제대로 챙기지 않는다. 재정자립도가 계속 낮아지는 것이 이유이고 그 증표이다. 공천이 당선이니 지역민은 부지불식간에 몰라도 된다는 구조에서 비롯한다. 재정자립도가 낮아지는 것은 하루

이틀에 만들어지는 것은 아니라 하였다. 이제 이들 지역민을 대표하는 자들이 그 누구이든 책임을 져야 한다. 지역의 민심이 민주주의 사회와는 동떨어진 것이 문제의 본질이다. 사람을 보고 표를 주지 않는 것은 잘못이다. 그렇다고 책임을 지역민에게만 돌리는 것은 그 자체로 무책임하다. 이번 기회를 통하여 호남이건 영남이건 사람 됨됨이를 보고 표를 줄 수 있어야 한다. 양 지역의 기운이 살아나야 이 나라의 전통과 민주주의도 동시에 살아난다는 점을 명심하시라. 몰표의 대명사인 양 지역은 민주주의 사회는 아니다.

이재명은 유가의 전통이 살아 숨 쉬는 자랑스러운 안동에서 태어났다.

그 까닭에 어려운 중에도 책을 읽는 심성의 아이로 자라났다고 보아야 한다. 이를 보면 이재명 후보의 스타일은 완전히 경상도적이다. 책을 많이 읽었다는 사실은 올곧게 자란 아이라는 점을 보여주는 것이다. 그러하였기에 가난한 부모를 따라 도시로 온 뒤에도 기회를 놓치지 않았다. 검정고시와 대학에 진학해서 사법고시에 붙었다. 오늘날 대권 주자까지 나선 것은 결코 우연이 아니다. 그 모든 것이 자신을 싹트게 했던 경상도 특히 안동의 꽃 예안의 정기를 받고 있기 때문이라고 본다. 이재명은 대통령이 되면 고향인 경상도와 함께 차별받는 전라도를 위해 우선적으로 배려할 수 있도록 하라. 반민주주의적인 몰표로 대응하는 지역의 감정이 이성과 합리로 바뀌지 않는 한 대한민국은 무엇을 하여도 모래성 쌓기에 불과하다고 본다. 이들의 두 지역 때문에 타지역의 대한민국이 민주주의를 제대로 할 수가 없다. 이것을 치유해야 나라의 선진민주주의에 서광을 비로소 비출 수가 있다. 50년 이상의 역사를 후퇴시킬 뻔한 이번 계엄령 상황을 보면서 이를 더 잘 알 수 있어야 한다. 이재명 후보의 능력은 아마도 국정을 맡으면서 샘이 솟아오를 것으로 본다, 세상을 내다보는 혜안과 출중한 경험을 갖고 있다. 이는 여야의 인물 중 누구에게도 뒤질 이유가 없다. 여기에 도장과 같았던 안동의 인문학적인 심성이 내재화되어 있는 사람이기 때문이다. 어느 기자가 분석하였다. 조선조와 대한민국 80년을 모두 합한 600여 년의 지도자 중 반열 3위 안에 들 것이라는 분석이 과하지 않아 보인다고 하겠다.

성남을 재정자립도 1위의 도시로 만들다.

능력은 이미 검증되었다. 민주당을 이끌어 총선을 대승리로 이끌어내었다. 이것이 우연으로 치부될 수만은 없다. 리더십이 있다는 것이고, 경기 도정을 이끈 경험이 대권을 맡는 데에는 무리가 없다. 여기에 더할 것은 AI 시대를 맞아 개인 유튜브 구독자를 120만 명과 어우러진다는 점이다. 이는 모두가 알다시피 계엄 정국에서 맹위를 떨쳐 즉흥 생방송에 감동의 호응까지 이끌어내었다. 여의도 국회의사당 앞에 수천 명의 민중이 모였

들었다는 것은 개인의 순발력으로 보여 AI 시대를 이끌어갈 능력의 한 모습으로 보아도 좋은 것이다. 최근 삼성그룹 이재용 회장과 미래학자 유발 하라리와도 대담을 하였다. 이런 점이 이재명만의 서사를 이루는 하나일진데 결코 예사스럽지 않은 것이다. 괜한 미움에다 정적의 숱한 모함을 받아 법정을 드나든 것은 본 대로이다. 범법 행위가 이뤄진 것은 아무것도 없다. 여기에 목에 칼을 맞아 고난의 시절도 보냈다. 이 정도이면 되었다. 이쯤이면 국민 누구라도 감정을 다스려서 이재명 후보를 제대로 보아야 한다. 특히 고향 경상도민들의 너그러움이 어느 때보다 필요하다.

  필자는 이런 숱한 여정 끝에 국민 대부분의 마음속에 대통령은 이재명으로 대세가 자리 잡혔다고 본다. 이제 이재명 후보는 국민 50% 이상이 기대하는 차기 대통령 후보가 되려는 입장이니만큼 준비를 잘해서 유종의 미를 거둘 수 있어야 한다. 국민 중 지방 특히 고향과 고난 속에 살아가는 전국의 민중들에게 고개를 숙일 줄 아는 지도자가 되기를 거듭거듭 당부한다.

제 II 부

12·3

난세의 영웅

일등공신들

1.
쿠데타

***

머저리1 검사의 한계, 군대에 안 간 티가 그대로 까발려졌다.

대한민국에 난데없는 돌발적인 난동 사태가 벌어졌다. 역사의 뒤안길로 사라져 잊힌 쿠데타가 45년 만에 시도되었다. 불

법 내란 친위 쿠데타였다. 친위는 역성과 다르다. 정권의 괴수가 자기 입맛대로 통치가 되지 않는다면서 독재를 꿈꾸며 거사하였다. 잔뜩 감정을 담아 초헌법적으로 불법을 감행한 의도된 내란 정변이다. 발상 자체도 헌법 위반이지만 이에 따른 형벌의 크기도 최대이다. 따라서 주동자와 이에 협력한 자는 국가의 백년대계를 위하여 준엄하게 법을 적용하여 처벌해야 한다. 법치주의의 엄격함을 확연하게 보여주어야 한다. 계엄령은 출발도 하기 전에 이미 실패가 예고되어 있었다. 군대에 안 간 수괴가 군대 시스템을 무시하였기 때문에 벌어진 일이다. 검찰조직은 잘 알고 있겠지만 군대는 명령을 내리기만 하면 된다 라고 생각하였던 것 같다. 대신 김용현이 챙겨야 하였으나 그도 챙기지 않았으니 벌어진 일이다. 결국은 현대화되어 엄격해진 군대의 시스템을 무시한 이유가 실패의 주원인이 되었다. 그 결과 2025년 4월 4일 수괴는 헌법재판소로부터 탄핵되었다.

계엄령은 중구난방의 대통령이란 자가 수괴가 되어 일으켰다. 2024년 12월 3일 밤 10시 23분 방송을 통해서이다. 국민

비상 계엄 당시 이재명 대표를 태우고
가는 김혜경 여사님 😂 👍 #이재명

은 누구라 할 것 없이 어리둥절하였을 것이다. 진위 여부에 대하여 귀까지 의심하였다는 것이 후에 나온 반응들이다. 쿠데타는 일사천리로 후속 조치가 뒤따랐다. 하지만 단추가 잘못 꿰어진 뒤였다. 계엄 후 22시 43분 국방부에서 전군 지휘관 회의를 열었다. 22시 44분에는 특전사 대원의 헬기 공수를 위한 비행금지 지역 컨트롤 타워인 수도경비 사령부 작전처(처장 대령 김문상)에 신고되었다. 22시 49분에 '국민의 힘' 한동훈 대표가 비상계엄은 잘못된 것이라며 국민과 함께 막겠다고 하였다. 민주당 이재명 후보는 계양동 자택에서 급히 국회에 등원하였다. 아내가 운전하는 차 안에서 자신의 유일한 무기인 생방송으로 쿠데타 소식을 국민께 알렸다. "시민 여러분! 불법 쿠데타가 발령되었습니다. 국회의사당 앞으로 모여 주십시오. 엄중한 계엄 정국에 SNS에서 급한 어조로 띄운 국민께 드리는 호소였다. 이 호소가 주효하였다. 결과적으로 계엄의 실패는 1차는 주동자들이 시스템을 무시한 데에서 연유하였다. 2차는 이재명 후보의 생방송이 주효하였다. 급히 달려온 민중이 계엄군을 막아섰다. 1등 공신이라 해도 결코 과언이 아니다. 3차는 국정원의 홍장원 차장의 항명이었다. 이분이 대통령 명령대로 정치인 14명을 체포하였다면 일순간에 분위기는 냉각되어 국회 개의가 불가할 수도 있었기 때문이다.

국회는 국회대로 계엄 당국은 당국대로 혼비백산 비상적으로 움직여 갔다.

헬기 지체와 생방송에 응하였던 민중, 그리고 홍장원이 나라를 구하였다.

계엄군을 나르는 헬기가 지체되면서 이번 쿠데타의 성패를 가르는 결정적인 순간이 되어버렸다. 지체의 원인은 시스템의 미작동이었다.

계엄군을 태운 헬기를 서울로 공수하기 위한 신고가 당일 22시 44분에 수도경비사 작전처에 접수되었다. 신고된 것은 쿠데타가 선포된 후 21분 후였다. 최소 2시간 전에 하였어야 할 신고를 보안이란 명목으로 늦게 신고한 것이다.

계엄군 헬기가 여의도 국회의사당에 당도해 뒷마당에 내린 것은 신고한 후 한 시간 여가 지난 23시 49분이었다. 주둔지 이천에서 20여 분의 거리였음에도 1시간 여가 지체되었다. 따라서 계엄령은 해보기도 전에 실패한 이유가 되었다. 이유를 좀 더 알면 누구라도 고개를 끄덕일 수밖에 없다. 우선은 정보의 공유 측면에서 계엄 선포 2시간 전에 이뤄졌어야 할 신고가 늦었다. 따라서 시스템이 제때에 작동하지 못한 이유가 되었다. 현대화된 군 기능의 냉정함이었다. 소위 수괴를 비롯한 주동자들이 자체의 보안만을 중시하였다. 수경사 작전처에 신고해야 할 필수 사항을 제때 신고하지 않은 것이다. 물론 모든 정보는 비밀과 보안을 요한다. 쿠데타 상황에서야 두 말이 필요 없다. 하지만 시스템상 꼭 공유해야 할 대상에게만큼은 공유가 필수였고 이것이 현대화된 시스템이었음에도 불구하고 이를 방기하였다. 시스템에 의해서만 움직이도록 되어 있는 수도경비사 작전처는 실상 그 순간에도 계엄을 모르고 있었다. 서울은 내부 포병 지역으로 특정되어 있다. 평소에는 비행기가 뜰 수 없다. 비행금지 구역에 비행기가 들어올 때는 최소 2시간 전까지 수경사에 사전 신고해서 허용을 얻어 놓아야 한다. 정

[단독] '계엄군 헬기' 서울 진입 막은 김문상 대령
"(출동) 목적지를 말하지 않아 거절"

작 시스템은 이러한데 헬기가 이륙하는 시간에야 수경사에 신고하였다. 수경사 작전처는 그때야 상부에 확인할 수밖에 없었다. 헬기가 어떤 일로 어디로 가는지를 확실히 해놓아야 한다. 확실하지 못하면 시스템상의 매뉴얼이 움직이지 않는다. 특전사 707 단장은 주둔지 헬기장에서 명령이 하달되기만을 기다리며 발만 동동 굴렀다고 하였다. 결과적으로는 명령을 다 기다리지 못한 채 목적지를 향하였지만 의사당에는 이미 직원과 민중들이 먼저 와 포진하며 기다리고 있었던 뒤였다.

이재명의 생방송이 결정적으로 주효

99% 성공률을 담보한다. 친위 쿠데타는 단순한 실수 하나로 실패하였다. 계엄군의 당초의 작전 사항을 알면 이를 더욱 잘 알 수 있다. 계엄군은 제시간에 당도하면 의사당부터 접수하려 하였다. 그리고 안에서 문을 잠가 밖에서 누구도 들어오지 못하게 하는 것이 주된 임무였다.

이들 계엄군이 24년 3월쯤에 예행으로 준비할 때는 국회의 헬기 착륙지점에 대한 사전 조사까지 답사하였다고 한다. 이러함에도 불구하고 수경사 작전처에 신고는 계엄 당일 당시에나 하였다니 마음만 바빴던 것이다.

국회의사당 안과 밖에는 계엄군보다 국회 직원과 1천 여의 민중이 거리를 메우며 계엄군을 기다린 형국이었다. 2024년 12·3 실패한 계엄령의 이면사이다.

비상지가 전방인 줄로만 알고 있었던 계엄군들도 놀랐다는 후일담이다. 도착해 보니 의외로 국회였다. 계엄군은 그 늦은 시간에 직원과 시민이 그렇게 많이 나와 있을 줄을 몰랐다고 하였다. 전혀 의외의 상황을 접한 계엄군 진영도 상황에 제대로 대응할 수가 없었을 것이다. 민중들이 겁 없이 무장한 자신들을 막으니 이는 급히 무력감으로 전환될 수밖에 없었던 듯하다. 당일 비상시 세 가지 상황의 반전이 있었다. 첫째는 비상계엄이 발동된 것을 전방에서의 비상 상황으로 예상하였다고 하였다. 주동자 측이 계엄군을 의도적으로 속인 것이었다. 동원된 계엄군들은 내심 의문을 가졌다. 어제의 비이성적으로 막된 장병들이 아니었으므로 곧 드러난다. 이들은 지난 역사를 배워서 알고 있었다. 막상 민중을 직접 대하니 결코 거칠게 나갈 수는 없었다. 부대를 지휘하였던 사령관도 그런 장면을 보고, 들으며 명령만 내릴 수가 없었다고 하였다. 이때부터 작전은 그만큼 헐거워졌고, 모든 동작의 기민성은 떨어졌다. 둘째는 계엄군으로 나선 장병들의 가족이다. 애가 타서 휴대폰으로 극구 말렸다. 사례는 눈에 띄게 많다. 어제와 달라진 우리 국민의 계엄 상황을 냉정하게 대처하는 성숙도라 할 수 있겠다. 셋째는 이재명 후보의 생방송에 호응한 민중들이다. 참고로 이재명 후보의 구독자는 120만 명이다. 여기에 의회를 사수하고자 하는 직원과 보좌진들도 눈에 띄었다. 초조하게 기다리던 용산의 수괴는 비화폰으로 지휘부 사령관을 찾아 다그치듯이 명령하였다. 계엄군 모두가 형식으로만 참전해 있었던 것이다. 특히 특전사령관은 구차해서 세 번째 전화는 아예 받지도 않았다는 점도 밝혀졌다. 상대적으로 기민하게 움직였던 국회의원은 여당을 포함하여 190명이 등원하였다. 4일 오전 1시 190명 전원이 계엄 해제에 동의하여 가결시켰다. 과대망상증이 유발시킨 미친 비상계엄은 일거에 수포가 되었다.

역사의 쓰레기가 될 몹쓸 인간은 국무회의의 형식을 갖추어야 한다며 일부 국무위원들의 요청도 거부하였다고 한다. 다른 데에 뜻이 있었던 것이 아니다. 수괴 입장에서 볼 때 계엄령은 성공할 것이고, 성공 뒤 그 뒤에는 내 세상… 굳이 형식에 불과한 요건 충족이 필요치 않다고 생각을 하였을 것이다. 재미있는 것은 이와 같은 와중에도 그 중요하였던 시스템은 확실하게 챙기지 못하고 무시하였다는 사실이다. 어디까지나 웃기는 자에 지나지 않는다.

수괴는 1차 실패 후 제2차 계엄령 발동도 획책하였다고 한다. 그들로서도 천국과 지옥을 오갈 수밖에 없었으니 얼마나 애가 탔었겠는가. 하지만 이미 차는 떠난 뒤였다. 상황이 중과부적임을 알고 체념할 수밖에 없었다. 웃기는 자들의 한탄만이 허공에 뭉게구름 피어나듯이 퍼져나갔을 것이다. 오늘, 2024년 12월 3-4일 역사를 쓴 민중들은 계엄령을 당당하게 막은 특등 전사들이 되었다. 벅찬 환희와 값진 승리가 기록된 날이다. 후세에 오늘의 민중이 비겁하지 않았다고 전할 수 있게 된 것을 무척 자랑스럽게 알자. 이제 놀란 가슴을 진정시키자.

국가적인 축제의 잔치를 벌여야 한다.
괴수는 탄핵되었다. 민중의 값진 승리이다.

5년간의 치욕을 3년만으로 끝내게 된 것도 즐기도록 하자. 역사의 값진 보너스인 2년도 실하게 전과물로 삼는 데 활용토록 하자. 자, 대한인들이여! 가자 서로가 어깨를 맞대고 손에 손을 잡고, 대한민국의 당당한 모습을 만방에 보여주도록 하자.

2.
파시즘

***

- 파시즘적인 양상의 부활과 준동 -

 민주주의만으로 민주주의를 지킬 수 없다. 구체적으로 방비 대책을 세워야 한다. 현재의 국가시스템 중에 문제가 있음을 한계로 보여주었다. 대통령의 계엄령과 헌법재판소의 재판관들의 천부의 권한도 재론하여야 한다. 선출직이 아닐 때 갖는 재량의 남용과 한계를 갈음해 둔다. 시급히 보완하도록 하자.
 개중의 상대는 우리와 같이 인권을 그리고 공정의 가치를 우선하지 않기 때문이다. 국가기관인 서부지법을 공격의 대상으로 삼은 것은 파시즘 준동의 실체이자 증거라 할 수 있다. 폼을 재는 자가 생풍맞게 철 지난 과오를 자기들만의 불만을 푸는 허튼 짓거리로 삼아 감행한다. 독일에 가면 젊은이들 중에서 나치를 들먹이고 불만을 배설하며 극단적인 행동을 서슴지 않는다. 일본에 가봐라. 그곳에서도 우익이라는 탈을 쓰고 어줍잖게 긴자에서 신주꾸 거리를 차량으로 종횡하며 휘젓는다. 사실 이 정도이면 젊은 한때의 짓거리라고만 할 수가 없다. 한데 이 무슨 일이 백주 대낮의 서울 거리에서 그것도 민의의 전당인 국회에서 벌어졌는가. 한 정신 나간 여자가 백골단은 소개한다며 폼을 한껏 부렸다. 여기서 깜짝 놀란 것은 정신 나간 여자의 정체는 공당으로 알고 있는 '국민의 힘' 소속 현역 국회의원이라는 사실이다.

난데없는 극우의 퍼포먼스

'국민의 힘' 김민전 의원이 백골단을 위해 장을 만들어 주었다. 시기와 조짐이 이상하기는 하였다. 그녀의 돌출행위는 일시적이랄 수가 없다. 기존 대학의 정치학 교수였다. 의도적으로 소속된 정당을 이념적으로 극우화시켜 이용하려 하였다고 보아야 한다. 교수라면 백골단의 유래에 대하여 누구보다 잘 알고 있었을 터인데 말이다. 7·8십년대 경찰에서 운영되었던 데모막 이용 전문 형사들이 아니라는 데에 그 심각성이 따로 있다. 이들은 해방 전후에 기승을 부렸던 서북 반공청년단의 이념과 비슷하게 움직였다. 이들을 김민전 의원이 정식으로 선보였다고 보아야 한다.

전광훈과 김민전은 파시스트적인 생각 아래에 앞서거니 뒤서거니 펼치는 묵계된 동시 패션이었는지도 모른다. 이념적으로 극우로 편향된 그녀를 '국민의 힘'은 내치지 못하고 있다. 이로써 '국민의 힘'은 대중 정당이 아님을 표방한 것으로 보아야 한다. 국민은 이 여자의 행실을 계속 지켜보아야만 한다. 그것이 다가 아닐지라도 이론을 겸비하고 있다. 국회에서 쉽게 잠드는 것도 다 의도된 행동으로 보인다. 이 여자가 볼 때 정상인들의 정상적인 업무수행은 다 비정상적으로 보일 수 있다. 이념을 아는 입장에서, 더욱이 극우를 표방하는 입장에서 보면 정상인들의 행위가 싱겁고 따분하니 그 끝에는 졸리게 마련이다. 파시즘이 원래 이런 것이다. 경계할 대상이 분명하다. 그 시점이 전광훈이 찾고 있는 자신의 대행자로서의 교접이 어떤 것이냐는 시점에서 드러날 것으로 보인다. 이를 떠나보아도 무척 위험한 여자임에는 틀림없어 보인다.

전광훈도 하는 행동으로 보아서 목사라기보다는 막가파 정치인이라고 해도 크게 다르지 않다. 하나님을 파는 사업꾼에 불과하지 않을까 한다. 이 사람은 앞으로 대한민국 내에서 자신을 보호해 줄 극우 정당 내지 막무가내를 합법화시켜 줄 전

위세력을 만들 사람으로 보인다. 그러면서 유명세는 배우 못지 않은 인기를 누리겠다는 사람이다. 지향점이 결코 헛된 망상주의자만은 아닌 것으로 보인다. 자본력을 먼저 갖추는 것을 보면 알 수 있다. 정당은 강령을 만들어 누구나 창당할 수 있다. 하지만 폭력을 앞세운다면 문제는 다르다.

  전광훈이 어떻게 '사랑의 교회'와 직접적인 관계를 갖게 되었는지 필자는 모른다. 하지만 그가 대중의 주거투쟁을 성공적으로 마치면서 자신감을 갖고 광신도들을 밑천으로 삼았다. 맛이 들어 뜻대로 정치·사회적인 투쟁으로 나섰다. 대중적인 주거 투쟁과 교회당은 그의 신념을 펼치는데 밑천으로 삼을 수 있다는 것을 알고 행하는 사람이다. 그가 계획에 의거해 모든 것을 확보한 후 다음 수순의 후속 작업을 벌일 것으로 보아야 한다. 광화문은 그의 지지자들로 모아놓은 투쟁 장소가 되어 있다. 그리고 떨거지 국회의원들을 자리에 모신다. 서로는 서로를 이용하기 위한 차원이다. 카리스마가 있음을 은연중 대중에게 선보이려 한다. 조금만 보면 이것이 다 보이는데 동원되는 아주머니들만 모른다. 굳이 성조기를 드는 것은 나쁜 의도이다. 이런 점들이 사실 매우 우려스럽다. 이번 서부지법이 난동꾼에 의해 털리는 것을 보면 이야기는 차원을 달리해 보아야 한다. 수사 과정에 그의 행동 격이나 되는 듯한 사람들이 검거되었다고 보도되었다. 알고 보면 이들은 사주하는 자들 광기에 의한 희생자들이다. 그리고 무엇보다 부정적인 성정을 분명히 하는 2·3십대 젊은이들이 대거 참여하였다는 사실도 마찬가지이다. 거의 파시즘의 양상 그대로이다. 젊은이들도 파시즘까지는 아니겠지만 자기가 일시적인 감정에 치우쳐 부지불식간에 행하는 행동이 파시즘이라는 것을 모른다. 아직은 좀 이르다 할 수도 있겠지만 양상만큼은 거의 그대로가 아닌가 싶다. 이에 앞서 전광훈은 광화문 집회에서 저항권을 들먹이며 괴수 윤석열이 재판을 받는 법정에서 구해내야 한다고도 하였다. 그로서는 한 수 더 나아가야 할 필요성에 의할 따름이다. 집회의 참석자들에게 서부지법으로 가라고도 선동도 하였다. 관성은 자제할 수가 없다. 결국은 결과가 멀지 않아 드러날 것이다. 수순이 그렇기 때문이다. 잘못된 사람에 이용만 당하는 구조와 그 과정에 희생을 당할 수밖에 없는 현상을 어찌할 것인가. 수괴에는 철퇴를 가하여 파면을 분명히 하였다. 공권력으로 강력히 막아야 한다. 참으로 막된 사람들에 의한 불행한 사태의 예견이다. 하지만 괴수는 탄핵되었다. 그들로서는 엎지르진 물이 되었다.

전광훈은 갖추어진 자본력에 위험한 인물, 따라줄 젊은이들이 필요하다.

쌓인 자금의 다음은 조직의 건설이고, 여기에 혈기 넘치는 전위조직원 젊은이들이 규합된다. 이번 서부지법에 이들 젊은이가 많았고 구속자의 많은 부분을 차지하였다. 광화문 집회에

단골로 참가하는 노인들이 많다. 그것도 푼돈이나마 헌금을 일상적으로 하는 분들이 아닐까 한다. 이들의 수입원은 대부분 국가가 복지로 지출하는 복지연금 등일 수밖에 없다. 이들일수록 늙은 나이에 스스로 살아가는데 '불만 덩어리'의 점조직이 이미 실타래 꼬이듯 만들어져서 있을 것이다. 뭔지 누구를 공격하는 전위대로서의 달콤함으로 꿰인 집회 참가는 막을 수가 없다. 전광훈에 의한 양면 즉 자금면과 조직 동원에서 세를 보여주는 기쁨조가 된 것과 다를 바가 없다. 이전보다 돈과 젊은 이와 막무가내 노인들이 합하니 파괴까지 가능하게 된 것이다.

앞으로 추이를 좀 더 지켜봐야 하겠지만 이들은 무엇인가 작당하여 세상을 흔들려 할 것이다. 이것이 관성의 법칙이자 파시즘의 수법이다. 다는 몰라도 힘 빠진 '국민의 힘' 의원들은 세 부류로 나눠질 수밖에 없다. 하나는 전광훈 당이다. 또 하나는 경상도 당이다. 또 하나는 더 이상 정치를 할 수 없는 무기력한 건달 낭인이 될 것이라 본다. 향후 극우로 치달리는 '국민의 힘' 의원들은 국민이 분명하게 솎을 수밖에 없다. 아마도 모르기는 몰라도 전광훈과 새로운 부산파라고 자칭한 종교인들이 각기의 패권을 노리며 국민의 힘 의원들과 연대하지 않을까 한다. 보수와 진보가 좀 더 선명하고 분명하게 헤쳐 모이는 계기를 갖기 전 단계인데 좋다고 본다. 이래야 선의의 경쟁 구도 속에 나라가 썩지 않고 그나마 연명이라도 보장될 수가 있기 때문이다.

3.
나라의 명운을 맡길, 정의로운 사람들

***

 정의로운 박정훈 대령과 홍장원 차장을 역사의 공간인 오늘 이 시점에 생생히 마주하며 교감할 수 있다는 것이 너무 좋다. 난세에는 누군가 국가를 구하는 영웅이 난다고 하였다. 언제나 역사의 기록에는 사실상 민중이 그들이었다. 이번 파쇼 독재 치하에서 두 분을 앞에 두고 모두 다섯 분이 우뚝하다. 국민 모두가 나서서 그 공적을 치하해야 하겠다. 무엇보다 향후 교감하며 함께 더불어 살아가야 할 젊은이들로부터 크게 환영받을 수 있었으면 좋겠다.

첫째는 해병대 박정훈 대령

 부하의 예기치 못한 죽음을 맞아 자신의 역할인 유족의 억울함을 풀어주어야 하는 일상에 몰입하였다. 그런데 난데없는 탄핵을 당한 괴수 개입이 노골

화되었다. 이유가 무엇인지 아직 밝혀지지는 않았다. 이 부분은 특검으로 수사를 해서 정확히 밝혀야 한다. 있을 수 없는 일이 벌어졌다. 당사자인 박정훈 대령은 생각하였을 것이다. 명령을 먹고 살아야 하는 일개 군인으로서 그리고 군대에 간 자식을 둔 아비로서 번민하였을 것이다. 하지만 양심은 자식을 잃고 황망해 할 채 상병의 부모님을 거역할 수는 없었다. 개인의 불이익만을 논할 수 없음을 알았다. 또 같은 부모의 입장이기도 하였다. 결국은 살신성인하는 용단을 실천으로 옮길 수밖에 없었다. 험난한 법정투쟁 끝에 1심에서 무죄를 이끌어내었다. 이 과정에서 수많은 양심인 민중이 함께하였다. 끝내는 환호하였다. 사실 이런 과정을 통해 우리 사회는 정화된다. 양심이 살아 움직이는 정의로운 사회가 존재하게 됨을 실증으로 증명하게 되는 것이다. 앞으로 항소 과정이 남아 있지만 박정훈 대령이 거듭해서 무죄를 받을 것으로 본다. 물론 이 과정에도 국민적인 관심과 지원이 따라야 함은 물론이다. 정의감으로 양심을 다독이며 정권의 권부와 맞섰다. 그의 모습은 국민 속에 깊숙이 녹아들어 있을 것이다. 이는 무섬증에도 이와 같은 진정한 사람이 있구나 하면서 숨죽였던 국민감정을 살아서 돌게 하였다. 국민 누구라 할 것 없이 기쁜 소식에 환호할 수밖에 없는 믿음의 발견이었다. 필자가 이 과정에서 잠시나마 앞서거니 뒤서거니 아쉽게 생각하는 것이 있다. 군 법무관직은 계급정년이 있다는 사실이다. 아마도 복직해 진급하여 별 하나는 충분히 달 것으로 본다. 장군으로 진급은 하겠지만 이보다는 전군을 지휘할 수 있는 단계를 밟았으면 해서이다. 군 총수인 총사령관이 되었으면 하는 바람이 있다. 이러한 분이 군을 지휘/통솔해야 한다. 그러했을 때 정의로운 그를 따르는 장병들의 사기가 그 얼마나 기세등등할 수 있겠는가. 실은 사회에 나와도 쓰임새는 많을 것이기에 아쉬움은 또 그렇게 해소시킬 수 있겠다. 이 글을 준비하는 중에 인사 관계 보직으로 발령받았다는 소식이다. 그래 그래야지 누구보다 박정훈 대령이 살아나야 나라가 산다.

둘째는 국정원의 홍장원 제1차장

홍 차장은 이번 친위 쿠데타에 합세하지 않았다. 그 결과 현직에서 바로 해임되었다. 이 분 또한 명령에 따르지 않으면 그 대가가 무엇이라는 것은 잘 알고 있는 사람이다. 그런데 명령에 따르지를 않았다. 명령에 항명한 자이다. 더 엄청났던 것은 이분에게 직접 명령한 자는 누구도 아닌 머저리1 수괴였다. 그만큼 믿고 있었다는 표시이다. 당초에는 명령에 따르려고 하였다고 하였다. 하지만 명령의 목적이 정치인 등 14명을 긴급체포하라 이었음을 알고는 고민하였다. 홍 차장은 긴하게 생각하였던 모양이다. 아무리 막되어 가는 사회라 해도 이것은 아니다 라고 결론으로 삼았다. 그리고 마음 한 자리에는 이렇게 한들 계엄의 성공을 장담할 수도 없다는 소신도 가졌다고 한다. 자리를 빼앗긴 이후 술회의 솔직함이었다. 여기서 우리가 알아야 할 것은 홍 차장이 계엄령 성공 여부를 사전에 피력하였다는 점이다. 계엄은 자신의 협조 여부에 달렸다고 판단하고 있었음에 따름이다. 결국은 이분의 분명함과 소신이 항명으로 나타났고, 결국 계엄을 실패하게 만든 원동력으로 작용하였다. 이분은 우리가 보기에 좀은 다른 차원에서 보아야 할 부분이 있다. 가치적인 분별력에 있어 중요한 사실을 내포하고 있다. 우리 국민이 좌우 양 진영으로 나뉘어 나라가 흔들려 극명하게 충돌하고 있다. 이분은 출신 성분으로 보건대 보수 중의 보수 꼴통으로 보인다. 하지만 엄중한 시기에 진영으로 나뉘지 않고, 정자세를 취하였다는 점이 돋보인다. 그 시점에서도 사리 있게 중심을 잡아 객관적으로 사안을 살필 수 있었다. 책임 있는 지도자는 이러해야 한다. 진영논리에 갇힌 자들은 진정한 의미에서 지도자라 할 수가 없다. 그런데 이 홍장원은 사안을 면밀히 보고 자신을 객관화시켰다. 이번 계엄에서 얻어낸 큰 소득 중의 하나라 하겠다. 모름지기 지도자는 이와 같아야 하는 것이다, 이분은 앞으로 국가직을 계속 수행해야 하겠지만 향후 자라나는 우리 아이들에게 기대가 크다. 가치와 억지가 어떻게 구별되는지에 대하여 시사점으로 보아서 큰 귀감이 될 것이 분명하기 때문이다.

셋째는 '조국혁신당'의 박은정 의원

이분은 위에 거론한 두 분과는 다소 결이 다르지만 자신이 속하였던 권부 검찰에게 말도 못하게 폐부를 찌르며 돋보이는 의정활동을 하고 있다. 첨예화된 국정을 국민이 걱정스러운 표정으로 보고 있을 때였다. 무대에 1인 배우가 되어 정의가 무엇인지를 종횡으로 보여주었다. 잠시이지만 청량제와 같은 바른말을 토해내는 그녀에게 불안했던 국민은 크게 의지하였을 것으로 보인다. 이것만으로도 그 얼마인가. 앞으로 권한이 축소될 검찰이라 해도 쓰임은 따로 있게 마련이다. 혹이나 검찰에 복귀하면 본연의 검찰로 거듭날 수 있도록 잘 추스릴 수 있어야 한다. 검찰이 이탈 없이 제 궤도로 갈 수 있도록 당찬 리더십을 갖고 이끌 수 있으리라 보여진다.

넷째는 '겸손은 힘들다'의 김어준

참으로 이번에 중요한 역할을 맡아 잘 해냈다. 영원한 비주류로서 오기가 제대로 작동, 괴수 윤석열의 대목 대목을 뜨거운 감정으로 몰아넣어 스스로가 자충수를 두게 한 장본인 중의 하나

이다. 이것은 개인 김어준의 일이기는 하였지만 결과적으로 국민과 함께 승리하였다. 국민도 염려 속에서 성원을 아끼지 않으며 물적 정신적으로 도왔고 함께 승리하였다. 아마도 자신이 살해자 명단에 포함되었다고 하니 감회는 그 누구보다도 다 가늠하기는 쉽지 않았을 것이다. 이번에 보여준 것처럼 언론의 역할이 중요하다. 앞으로 이후에 현 언론 지형이 건설사들의 지배에 넘어가 무용지물이 되어 있음을 직시해야 한다. 원상복구하는데 기제로 쓰여야 한다. 언론의 정상화를 위해 혼신의 여력을 쏟아부어야 할 책무가 새롭게 주어졌다고 본다. 이번의 어려움이 더 잘 할 밑천으로 삼아질 수 있을 것으로 보인다. 기대가 크다.

다섯째는 이재명 후보의 외교 안보 보좌관인 김현종 특보

이분은 필자도 노무현 참여정부 통상교섭 본부장을 할 때 미국과 FTA를 협상하고 체결할 때 좋아하지 않았다. 필자가 좋아하였던 노무현 대통령이 이라크에 파병을 결정하였을 때와 같았다. 김현종 보좌관에 기대하는 것은 능력을 인정해서이기도 하지만 무엇보다 중요하게 강조할 것은 다름이 아니다. 그가 언제나 일관되게 힘주어 강조하는 말이 있다. 아무리 협상 과정이라 해도 상대에 내주지 말아야 할 것을 분명히 해야 한다는 점이다. 그것은 열린 민족주의와 자주성이다. 이것만은 필히 지켜야 한다는 각오와 변이다. 그래 수많은 외교협상의 전제는 아무쪼록 이러해야 한다.

4.
일등공신들

***

계엄이 보기 좋게 실패하였다. 참으로 잘되었다. 괴수 머저리1은 탄핵까지 되었다. 대한민국의 저력을 보여준 한판이었다. 향후 민족적으로는 탄탄대로가 열렸다고 보아야 한다. 이 땅에 역사를 50년 전으로 돌려버릴 뻔한 아찔한 순간을 기적적으로 모면하였다. 오늘 다시 우리 국민 모두는 승리자가 되었다.

수훈갑의 갑은 언제나 민중

이들은 이재명 후보의 긴급한 호출에 즉시 호응하였다. 그 야심한 밤에 1천여 명이 동참하였다. 이름하여 신기원을 세운 빛의 혁명인 '응원봉' 민중이었다. 국회의사당에서는 직원과 보좌진이 이에 호응하였다. 이들 모두는 계엄군을 태운 헬기보다 의사당에 먼저 도착해 있었다. 계엄군이 오기 전까지 만반의 자세와 대비를 하고 기다리고 있었던 형국이다. 대한민국의 새로운 주자인 '응원봉' 민중이 새로운 역사를 만들며 의사당 앞에 포진하였다. 우선은 등원하는 의원들을 돕기 위하여 경찰과 대치하였다. 의원들을 위하여 월담을 도왔다. 그날 70대인 이 사람도 이재명의 생방송을 보고 잠시는 망설였지만 여의도로 달려갔다. 자정을 넘어서면서부터는 역사의 뜨거운 순간을 있는 대로 맛보고 싶어서였다. 반역의 역사에 참을 수가 없었기에 노구를 택시에 의지하였다. 의사당의 앞은 매우 추웠다. 강가이다 보니 더욱 춥지 않았나 싶다. 하지만 열화의 민중은 구호를 높이며 의사당 안의 동태를 살폈다. 가결되었다. 환호가 여의도에 작열하였다. 다음은 괴수가 해제를 추인해야 함에 발을 3시간 반을 동동 굴렀다. 늦었지만 새벽 4시 30분쯤에 민중들의 염원대로 해제되었다. 환호가 다시 일었다. 어찌 보면 이렇게 추상같은 계엄이 실패한 것은 괴수를 비롯한 주동자들의 주도면밀하지 못한 무능에서 비롯하였다. 그러나 이 와중에 무엇보다 결정적이었던 것은 군대보다 빨랐던 민중의 기동력에 있었음을 제일로 알아야 한다. 이 땅에 또 한 번 민중이 진한 역사를 뚜렷하게 창출해 냈다. 어제와 다른 계엄군의 사리 판단도 한몫하였지만 국민이 역사를 보는 성숙도가 무르익어 있었다는 점을 간과해서는 아니 된다. 대한민국에는 이제 성숙한 민중 때문에 계엄령이 갖는 불법은 가당치가 않게 되었다고 말해주어도 좋겠다. 이를 명시적으로 보여 증명한 한판이 12·3 계엄 상황에서 얻은 전과이자 승전보라 할 수 있다.

첫 번째는 시민과 장병들이다.

민중들이 계엄군에 앞서 의사당 앞을 선점한 것이 주효하였다. 이 선점의 계기를 만들어 준 것이 이재명 후보의 SNS 생방송이었다. 그의 긴급 호출을 듣고 지지자들이 따라주었다. 앞에서 계엄이 실패한 이유로 첫째 현대화된 시스템을 우습게 안 괴수 계엄 주동자로 인해 그랬다면 이재명 후보의 진보적인 혜안은 상대적으로 빛났다. 계엄을 막아낸 것이 의사당 정문에 위치해 호응한 시민들에 의해서였다. 그 위험하였던 순간에 총까지 잡아채고 자동차를 더 이상 못 움직이게 정면으로 막아서는 열정과 진정성이었다. 이때 큰 불상사를 막은 것은 계엄군의 대처 등 지혜로움도 있었다. 광주의 트라우마를 알고 있던 장병들이 의식 속에서 자제력이 작동하였다고 볼 수 있었는데 지휘부가 이를 알아차렸다. 이 상황에 대하여 아쉬움을 표하는 자가 있다면 그는 계엄을 반대하는 자들을 죽여도 좋다는 의사를 가진 자들이다. 살생을 용인하는 자라 보아도 좋을 것이다.

이런 위험한 자들과 우리가 함께 살고 있다. 인간의 한계이다.

두 번째도 홍장원이다

대통령의 명령을 받은 홍 차장이 명령대로 집행이라도 하였다면 아마도 우리 진영은 기선을 제압당하였을 것이다. 이런 이유는 국회 현장에서보다도 요인 체포가 갖는 압도가 순식간에 소식으로 퍼지면 낭패를 불러오기 때문이다. 전체 국가 사회가 불안에 떨어 누구도 항거의 논리를 바로 세우지는 못하였을 수밖에 없다. 이때는 의사당 앞에 나가 있던 민중이 제일 불안에 떨고 경우에 따라서는 아비규환의 사태로 엄청난 희생으로 옮겨붙을 수가 있다. 결국은 평정하겠지만 몇십만의 큰 희생을 치른 후이다. 반격을 하기까지는 시간이 걸린다. 희생은 불 보듯 뻔하다. 그런데 이를 홍 차장이 항명함으로써 막았다. 전반의 대세가 우리 쪽으로 오게 된 결정적인 순간이었다. 한 진정한 개인의 역할이 수십만일 수도 있는 희생자를 막았다. 부당함에 항명으로 나라와 민중을 통째로 살려낸 표본으로 삼아져서 좋았다.

세 번째는 김병주 의원

예천 출신의 김병주 의원은 한미연합군사령부의 부사령관을 지냈다. 군에 관한

한 누구보다 동태를 환하게 알고 있었을 것이다. 이의 증표로 12월 6일 박선원 의원과 이천의 특전사 사령관을 만나러 가는 특단의 조치를 수행한 혜안이다. 그 상황에서는 꼭 필요하였지만 야당에서 누구도 가능하지 않다. 두 가지 측면에서 아주 중요한 결단이었다. 하나는 계엄군의 핵심 특전사령관과 군 선후배로서 허심탄회한 대화를 나눠 계엄 상황의 정확한 정보를 소상하게 알 수 있었다는 점이다. 또 한편 계엄이 실패해 불안할 수 있는 상대에 비상을 맞는 심정을 격의 없이 나눠 불안할 수 있는 사령관을 안도케 한 점이다. 또 하나는 2차 계엄이 재시도될 수 있는 상황에서 사전에 무력화시킬 수 있었다는 사실이다. 다시 계엄을 시도하면 특전사는 또 중심에 서야 하는데 사령관을 무장해제 시키는 상황을 만들어 버렸다. 재추진이 중과부적으로 와해될 수밖에 없게 유도된 점을 알아야 한다.

네 번째는 박선원 의원

이분은 정보통이다. 순발력이 남다르다, 하지만 죽을 수도 있다. 여간한 담력의 소유자가 아니면 가담하기 어렵다. 그렇기에 김병주 의원은 박선원 의원을 동반자로 선택한 것이고 박 의원은 주저 없이 응하였다. 두 사람은 비상 상황에서 의기투합한 경우이다. 이는 보기 좋게 성공하였다. 80년대 학생 운동권에서 지도

부로 활약하였다. 이런 점이 향후 이들을 기대할 수 있는 중요 포인트이다. 두 분은 차기 정부에서 중용될 것이다. 국민도 매우 좋아할 것으로 미뤄 짐작된다.

다섯 번째는 김민석 의원

김민석 의원은 국민에게 애증이 있다. 노무현을 놔두고 정몽준을 도운 것이 그것이다. 그 뒤 국민은 서울대 총학생회장 출신 보기를 마다하였다. 그래서 가정도 깨졌고, 오랜 기간 낭인의 세월을 살았다. 본인으로서는 정치가 아니 민심이 이렇게 냉혹한 것인가 새삼 깨닫는 부침의 시간을 보냈다.

이번에 절치부심 끝에 다시 돌아왔다. 이재명 후보 곁으로 갔다. 그리고 수석 최고의원도 되었다. 이재명 곁에 있으니 당초 뭔가 잘 어울리지 않는 것도 같았다. 하지만 김민석은 확실하게 생각을 고쳐먹었다는 것을 시종 일관되게 보여주고 있었다. 이재명 후보를 앞에 두고 팀이 잘 짜였다. 그의 혜안과 지략이 앞으로 더욱 돋보일 것이다. 이재명 후보를 보호하기 위하여 몸까지 사리지 않는 모습도 보여준다. 참으로 보기 좋은 장면이 연연히 연출되고 있다. 필자의 생각으로는 떠도는 김민석 의원을 잡아준 것은 추미애 의원이라고 생각한다. 추미애 의원이 당대표 때 김민석을 곁에 두었다. 추미애 의원이 이재명 후보에 쓰라고 강력히 권유하였을 것이라 생각된다. 어찌 되었든 인재가 이재명 앞으로 모이는데 김민석 의원과 유시민 작가의 역할이 클 것으로 보여서 전체적인 조합이 기대된다는 점이다. 앞으로 헷갈리게 하는 존재들이 많이 있을 수밖에 없다. 하지만 김민석 의원은 하나만은 똑바로 알아야 한다. 80년대 쓰러져간 동지들을 기억하라. 김민석 당신은 그때를 그냥 흘러간 과거로만 보아서는 안 된다. 분신으로 몸을 던지며 치열하게 맞서며 짧은 삶을 살다간 동지들을 생각하라. 혼란한 정국을 냉정하고 지혜롭게 뭉쳐서 헤쳐나가야 한다. 여러분을 믿고 의지하려는 5000만의 민중이 있다. 자네의 가슴과 뇌리에 간직하라. 당신들을 통해 대한민국의 향후를 기약할 수 있을 것으로 기대한다. 솔직히 앞으로 전개될 상황에 필자는 여러분을 믿어 의심치 않는다.

5.
민중, 농민 투쟁단

***

 2024년 12월 21일 남태령에서 민중의 성골인 농민투쟁단의 농민 트랙터 행진이 거셌다. 경찰에 가로막혔다는 소식이 급히 광화문 집회 현장에 전달되었다. 놀랍게도 새 시대의 기수이자 주인공 '응원봉'들은 남태령으로 향하였다. 달려간 민중은 2·3십대 여성들이었다. 밤새 경찰과 대치하였다. 민중과 농민투쟁단의 서울행에 있어 최종 목적지는 한남동 대통령 관저였다. 한남동으로 '가겠다. 길을 열어라'고 막는 경찰을 향해 소리쳤다.

전국 농민회 총연맹(전농)과 전국 여성농민회 총연합(전여농)이 구성한 '세상을 바꾸는 전봉준 투쟁단의 트랙터 대행진이 서울과 경기도의 경계인 남태령에서 경찰에 막혔다. 서울 광화문에서 집회를 마친 민중들과 소식을 들은 민중이 대거 남태령으로 속속 집결하였고, 농민투쟁단과 연대해 경찰과 대치하였다.

'내란 수괴 윤석열 체포·구속/내란 동조 '국민의 힘' 해체/개방농정 철폐/ 3대 과제를 내걸고 수십 대의 트랙터와 함께 상경하였다. 농민투쟁단은 하루 전 영남 일원의 동군과 호남 일원의 서군이 공주 우금치에서 만나 투쟁 의지를 다지고 한양(서울)으로 출발하였었다.

전농에 따르면 경찰이 트랙터 유리창을 깨고 강제로 운전자를 끌어내리려 하였고, 항의하는 전농 사무총장과 상근자 및 회원들에게 폭력적으로 진압하였다고 하였다. 이후 농민들은 남태령을 넘어와 고개 밑에서 농성을 이어갔다. 도로는 전면 통제 상태로 그 추운 날 밤새 대치가 이어졌다. 투쟁단의 선발대는 동작대교까지 이동해 있었으나 다시 남태령으로 이동해 농성에 합류하였다. 소식을 접한 민중들은 계속 모여들었다. 밤 9시경에는 수천 명을 넘어섰다.

농민들의 호소에 '응원봉' 2030 여성들을 주축으로 한 민중들이 점차적으로 800여 명에 머물렀던 전농TV에도 구독자가 2만 명을 넘어서며 호응해 왔다. 농민투쟁단은 이번 상경투쟁에서 얻은 귀중한 성과가 두 가지이다. 하나는 1894년 공주 우금치에서 처참하게 희생되어 이루지 못한 한을 풀었다는 점에 있다. 또 하나는 이번 투쟁의 목표점인 한남동 관저까지 진출하였다는 점이다. 다른 민중들의 협조로 이를 달성할 수 있었다. 그들 '응원봉' 2·3십대 여성들이었다. 앞으로 농민들과 도시에 진출한 민중들이 언제라도 결합할 수 있는 계기를 만들었다는 점에서이다. 눈여겨볼 필요가 있다. 특히 시대정신의 전사이자 기수로 나선 '응원봉' 2·3십대 여성들과의 만남이다. 향후에 전개될 농민운동에서도 '응원봉'의 힘을 조력 받을 수 있는 연대의 틀을 만들었다고 할 것이다.

6.
민중 시대의 기수 '응원봉' 2·3십대 여성들

✦✦✦

그대들이여! 수고가 많았네요. 당신들의 시대를 쟁취하시라

여자이기에…. 여자의 일생을 통째로 벗어던져 어눌한 사회를 부단히 개혁하시라.

'응원봉'이 바다를 이루었다. 바다빛은 서로 다르면서도 하나였다. 네모, 동그라미, 세모였고 파란빛, 빨간빛, 노란빛이었다. 손잡이의 길이도 짧은 것과 긴 것이 있었다. 물어보니 가격도 달랐다. 왜 그런 것까지 물어보냐고 웃는 사람도 있었다. 나는 합리적인 추론이 가능한 통계를 확보하기 위해 부끄럼을 무릅쓰고 여기저기 물었다. 최저 가격이 3만원이었고, 최고 가격이 10만원이었다.

그들은 대개 젊거나 어린 여성들이었는데 모르는 노래가 없었다. 지칠 줄 몰랐고, 준비성도 좋아서 모자와 마스크, 목도리와 방한 숄더, 돗자리와 장갑, 작고 얇은 이불로 몸을 감쌌다.
　　- 트랙터 상경 시위대 김광석(전남 강진군 농민회 사무국장)의 기록 -

2·3십대 여성들의 실체는 누구?

2002년 미국 장갑차에 희생된 여중생 고 미선이, 효순이를 추모하며 촛불을 들었던 여중생들이 오늘날 30대 응원봉 여성들입니다. 2008년 광우병 파동 당시 제일 먼저 촛불을 들었던 여중생들이 오늘날 20대 후반~30대 초반 여성들입니다. 2014년 세월호 참사 시위에 참여한 중·고등학생들이 오늘날 20대 청년들입니다. 2030 청년들이 2016년 이후 페미니즘 확산, 그리고 2018년 미투 운동과 2022년 이태원 참사 촛불 시위의 주체로 성장하였습니다. 그들이 바로 오늘날 2030 세대 청년들로서 2024 ~ 2025 '응원봉' 민중 혁명을 이룬 세대들

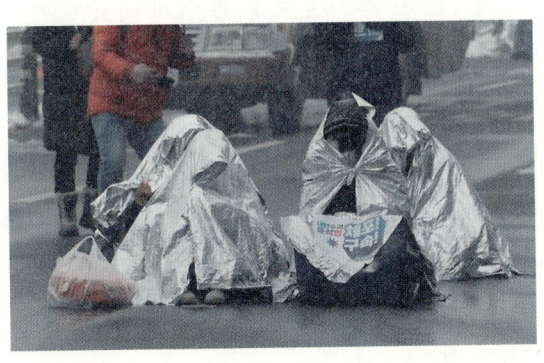

입니다. '응원봉' 세대는 학교 밖 '광장 민주주의'를 통해서 민주주의를 몸으로 학습하고 성숙한 민중의식을 체득한 세대라 할 수 있습니다. 향후가 더 기대되는 이유입니다.『한국학교 교육의 위기와 민주시민 교육』(인간과자연사) 저자 하성환의 글 중에서

머저리2 이대남과 비교되다.

12·3 이후 '빛의 혁명'을 극적으로 보여준 대목이다. '이대남'과 인간됨의 비교가 된 응원봉 2·3십대 여성들이 보여준 감동은 참으로 대단하였다. 모두를 새로운 시대정신의 산 표본으로 삼고 격려하자. 아마도 이들의 표정으로 보아 더한 내고를 하고 있는 것이 아닌가 한다. 아무쪼록 이들은 이 시대를 열어가는 중추로서 무서운 세력으로 거듭나기를 기대한다. 비겁한 머저리2 이대남으로는 기대할 것이 없는 상황에서이다.

이들은 '농민투쟁단'이 이번 서울행의 최종 목적지로 삼았던 한남동 관저까지 갈 수 있도록 길을 열게 하고 함께 동행하였다. 더할 나위 없는 감동 그 자체였다. 이후 '키세스'로 불리며 거센 눈바람을 참아내고 밤샘을 하던 모습이 새로운 역사를 쓸 각오의 결의이자 강력한 의사였다라고 본다. 아마도 향후 20년 대한민국의 역사에 중심으로 신바람으로 샘솟을 것이다. 진한 생명줄로 이어져 시대정신을 구현하는 세력 즉 산 역사로 거듭나게 할 주역이 되어라.

앞으로 자네들의 투쟁 속에서 우리 사회는 얻어 가질 것이 많게 마련이다. 농민, 80년대 학생운동권, 비정규 노동자, 민중가수 최도은과 안치환 등과 사회의 양심세력이 여러분을 도울 것이다. 5000만 민중이 그대들 가는 길에 힘이 되어줄 것임을 자신감에 심어두거라. 아무쪼록 역사는 여러분의 편이다. 이 싸구려판 악귀들을 잠재우며 시대정신을 갖고 싸워서 쟁취하시도록 하라. 무엇보다 안온한 여성시대를 확고하게 만들어 사회를 안정시키도록 하라. 구심점은 당신들뿐이다.

7.
민중가수 최도은

***

　12월 21일 '농민투쟁단'에 자발적으로 합류해 격려하였다. 그 모습이 너무도 예쁘다. 세 곡을 불렀다. '불나비', '임을 위한 행진곡', '농민가' 민중가수 최도은은 1966년 세상에 태어났다. 1980년대 민주화 운동의 중심에서 음악을 통해 사람들을 단결시키고 희망을 전파하는 데 앞장섰다. 그녀의 대표곡은 '임을 위한 행진곡' 과 '불나비'이다. 당시의 시대적인 아픔과 열망을 대변하며 많은 격려를 아끼지 않았다. 이들은 심금까지

울렸다. 최도은은 1984년 4월과 80년 5월을 기리는 행사에 '임을 위한 행진곡'을 그리고 '5월에 노래'를 접하면서 이후 스스로가 운동권에 투신해 1988년부터 활동을 시작하였다. 최 민중가수는 마음이 닿지 않는 곳은 출연하지 않는 것으로 정평이 나 있다. 오히려 비정규직 노동자 등의 열악한 현장을 찾았고, 출연료가 없는 곳을 찾아 격려를 하였다. 이날 남태령도 그날 새벽 자신의 역할이 필요한 곳으로 알고 자발적으로 찾았다. 우정 출연은 예상대로 투쟁현장의 사기를 돋우는데 큰 효과를 낳았다. 이날 최도은이 한 몇 얘기가 '2·3십대 여성들'에게 훈훈한 열기를 심어주었다고 한다. 최근에도 최도은은 새로운 음악적인 도전과 사회적인 메시지를 담은 활동으로 새롭게 준비하고 있다. 우리 민중들 모두의 목마름을 대신해 줄 자가 그녀이다. 계속 주목하도록 하면서 최도은의 노래와 함께 격려를 받도록 하자. 특히 최도은은 '응원봉' 2·3십대 여성들의 맏언니가 되어 의기투합하면 좋겠다.

8.
머저리2 - '이대남'

***

갈라치기의 명수, '이대남'들은 깊이 반성하라.

   이 글은 구차할 수도 있다. 하지만 이번 12·3 '응원봉'을 통한 빛의 혁명을 있게 한 2·3십대 여성들에 대한 고마움이 있었다. 비교 차원에서 굳이 써야만 하겠다. 이제 우리가 주시해야 할 것은 2016년 그 열정적이었던 촛불 혁명을 갉아먹은 우를 다시는 범하지 않아야 한다는 점이다. 따라서 차기 정권은 누구도 아닌 서민 민중이 주도하여 창출시켜야 한다, 필자는 "그 사람이 바로 민초 이재명이다"라고 이렇게 거명을 한다. 다가 아니면 또 여러분이 천거하는 사람을 선택할 수는 있겠다. 여기서 거론하고 싶은 것은 비겁자 '이대남'에 관해서이다. 그들 '이대남'도 입이 있으니 주장을 할 수 있는지 모르겠다. 그리고 그들의 주장이 먹혀들어서 이준석을 필두로 하여 괴수 윤석열을 대통령으로 만드는데 결정적이었다. 필자는 말하고 싶다. 그들의 발언과 뭉침이 역사에 두고두고 부끄러운 점으로 작용할 것이라는 점이다. '이대남' 현상은 지난 22년 대선 때 등장하였다. '이대남' 현상은 오늘도 세대 내 분열과 갈등을 가속화시키고 있다. 같은 청년 세대임에도 남성과 여성 사이에 정치 현안과 현실 인식의 틈이 벌어졌으니 이를 어쩌랴.

이놈들아 네 어머니가 군대 다녀왔어야 하였냐?

우선은 그들이 엄선하였다고 하는 윤석열이 국가에 많은 부담을 주고 탄핵되어 감옥으로 물러났다. 우선 이 점만 봐도 이대남들의 반성이 먼저이다.

문제는 이보다 더 크다는 점이다. 그들 '이대남'은 이 사회가 불공정하다는 불만에서 출발하였다고 하였다. 일정하게 공감할 수 있다. 하지만 그것의 표적을 여성으로 삼았다. 아주 나빴다. 할 짓이 없어서 여성들에게 뭇매를 줄 수가 있냐. 이 쫄보놈들아. 여성도 군대에 가야 한다고...

이놈들이 보자 보자 하니 정신병자가 되고 말았네. 전쟁이 상존하는 이스라엘과 팔레스타인의 불행을 봐라. 여성들이 군에 징집되는 안타까운 모습을 너희는 모르느냐. 그곳에 비하여 우리는 남북이 대치하는 상황이라도 여성들에게만은 군대의 의무를 지우지 않는 것이 얼마나 다행이라 생각하지 않느냐.

이놈들아!

더 나쁜 것은 이 잔꾀에 편승하는 싸구려 이준석이다.

갈라치기 말이다. 편을 갈라치기하여 그 표를 지지율로 모으겠다는 얄팍한 꼼수 정치인이다. 앞날이 창창한 젊은 정치인의 머리에서 꼼수가 나왔다는 것이 문제의 심각성이다. 지난 세대보다 저급한 꼼수가 더하니 앞으로 뭘 더 기대할 수 있겠는가. 이는 뭘 더 얘기하기 전에 우리 사회의 큰 문제점이다. 이 문제를 반드시 해소시킬 수 있는 방안을 만들어야 한다. 그들은 얘기하였다. 여성만을 위한 여성부가 불합리하다고, 그리고 더 나아가지 말아야 할 말 즉, 여성도 군대를 다녀오라고 분명하게 내뱉었다.

이게 우리나라를 이어갈 젊은 남자가 할 소리인가. 여기를 표밭으로 삼았던 그들 비열한 자들은 정치 이전에 국민에게 사과하고 사퇴하는 것이 국민에 대한 도리이다.

역사는 한 건 위주가 아니다. 그렇게 일회성적인 도그마에 갇히면 더욱 안 된다. 무엇보다 역사에 비겁하고 부끄러운 짓은 안 된다. 특히나 다음 세대를 이끌어갈 그대들만큼은 그러면 안 된다. 그리고 자식들을 길러야 하는 입장에서 보면 더더욱 아닌 것을 사나이답게 인정하고 멈춰서야 한다.

'응원봉' 2·3십대 여성들의 시대정신에 합류하라. 사과하는 의미를 포함한다. 거듭 말한다. 독재자에 부화뇌동하였던 한때의 부끄러움을 말끔히 씻어내거라. 이놈들 철부지들아.

제 III 부

국민 통합을 위해 영남과 호남을 편애하라

1.
과제와 비전

***

다음 정부의 기대는 오케스트라가 하모니를 연출해 내는 지휘자와 같은 대통령이 나왔으면 한다. 나라의 운명은 명지휘자가 국민의 다양성을 조화시켜야 한다. 하모니적인 감동을 불러일으키는 것과 같다. 음률의 하모니는 악기의 다양성을 누가 지휘를 하느냐에 따라 다르다. 한 나라의 대통령이 명지휘자로 거듭나면 다양성이 숨을 쉬니 온전히 국민의 복이다. 다만 사람이 사는 사회는 우선 기본부터 지킬 수 있어야 한다. 기본소득과 기본소비가 대표적인 예이다. 그 위에서 기업의 여유와 문화인의 특별함에 박수하며 소비자가 되고, 관객이 될 수 있는 것이다. 민중은 경우와 도리를 누구보다 체감적으로 잘 안다. 민중은 언제라도 기업에 우선하는 자리를 내어주고, 국력을 키워가는데 핵심인 소비로 답을 하게 되어 있다.

기업의 생산 못지않게 수레의 두 바퀴와 같은 소비자 민중의 위치를 부정하면 결코 그대로 두고 볼 수는 없다.

역사가 심판하게 마련이다. 제발 기업은 국민이 언제라도 협조하는 소비자라는 점을 잊으면 안 된다. 기업과 소비자 모두는 서로의 역할을 존중하는 구조로 화합할 수 있도록 파트너십을 가져야 한다. 영원한 과제이다. 서로를 존중하며 믿는 좋은 사회가 건강한 사회이고 그것이 곧 국력이다. 특히 AI 시대에서 로봇 등의 수익 구조는 기업에 유리한 구도로 갈 것으로 예상한다. 이렇게 고용 구조가 크게 바뀔 때 소비의 재원인 기본소득은 소비 측면을 여하히 맡는 소득원이라는 측면과 유동성이란 관점에서 보아야 한다. 따라서 기본소득이 불가분 국가의 정책이 될 수밖에 없는 이유이다. 기본소득의 재원을 마련하기 위하여 생산자 기업과 소비자 민중은 타협해야 한다. 국가의 중재 아래 상호작용의 원칙이 탄력 있게 적용될 수 있도록 타협할 수 있어야 한다. 아무쪼록 앞으로 기업은 우리 소비자 민중인 국민에게 기본소득을 인정하고 자발적으로 다가올 수 있느냐가 관건이다. 다가 아닐 때 그때는 국민연금이 기관투자 자금 이상으로 기업에 투자할 수도 있는 것이다. 이런 면으로 볼 때 6월 3일에 있을 제21대 대선은 역사적으로 매우 중요하다. 물론 탄핵된 전임 정권의 추악상을 말끔히 청산하는 것이 먼저이다. 새 정권 앞에 놓인 시대적인 과제의 첫째라고 할 수 있다. 다음은 새 정부 비전의 실천이다. 여기서 중요한 것은 무엇보다 혁파적인 마음 자세이다. 리영희 선생님이 말씀하신 대로 전환시대 논리의 적극적인 차용이자 적용이다. 그것은 대의제에 의한 폐단을 혁명적으로 혁파하여 직접제에 의한 새로운 동력을 만들어 낼 수 있도록 해야 한다. 시대는 어제에 머무르지 않는다. 4차원 시대인 AI 시대에 진입하였다. 그러하다면 다음 정권은 무엇보다 이를 제대로 아우를 수 있겠는가에 초점을 맞춰야 한다. 두 가지이다. 하나는 AI 기술을 여하히 새 시대에 접목시켜 조기에 시스템으로 정착시킬 수 있느냐이다. 다음으로는 민의의 숨결을 다독이며 국정에 흔쾌히 참여시킬 수 있느냐이다. 이의 원활한 토대 쌓기는 속도전과 합리가 접목된 '직접제'만이 가능하다. 이 두 과제는 기본적으로 관점이 같아서 시대정신으로 조기에 선결/정착시킬 수 있어야 한다.

필자는 이와 같은 급변하는 상황을 맞이하여 콘텐츠만큼은 600년 전 세종대왕 시대를 오늘에 다시 불러 모셔내야 한다고 믿는다. 당시 새 시대를 열어갔던 '온고지신'을 오늘 이 땅에 다시 재연시킬 필요가 있다고 보기 때문이다.

1. 세종대왕 정신계승

세종대왕은 흘러간 과거의 분이 아니다. 오늘의 혼탁한 대한민국이 다시 그의 애민사상을 기반으로 하여 다가오는 미래를 내다볼 수 있어야 한다. 백성을 위해 훈민정음을 창제한 대왕의 정신을 오늘에 재현시켜 발흥될 수 있도록 해야 한다. 이것이 당장 국력을 소진시키고 있는 영·호남의 갈등과 남북의 대치상황을 종식시킬 수 있는 힘이자 의지이기도 하다.

사람 냄새가 나는 대동사회의 구현을 위하여 다음의 사항을 국정의 지표로 삼을 수 있도록 하자.

한글의 국제화를 지향하기 위한 사전 정지 작업과 함께
민주·법치의 수호를 좀 더 확고히 하자.
정치-경제-사회가 아니다.
경제-정치-사회로 가치순환 논리를 올바르게 정렬/정립시켜라.
직접민주주의를 조기에 수용/ 정치 경제를 연동시켜 결합하라.
민중의 정부를 세워라. 국민소환제는 필수이다.
AI 시대를 맞이해 '기본소득'과 '기본소비'는 내수산업 진작책으로 결합해 추진하라. 새로운 국민 4대 의무제를 국방, 납세, 교육, 근로가 아닌 근로 대신 '소비'로 바꿔 발상의 전환점으로 삼아 개혁하라.

2. 세종대왕 정신의 기본은 다섯

첫째가 정신이다.
세종대왕의 자주적인 의지가 '훈민정음의 창제정신'으로 발현되었다.

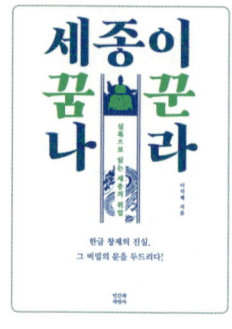
훈민정음 창제가 애민사상에서 비롯한다며 필요에 따라서 소박하게 위치를 점해 보려는 경향이 있는 듯하다. 물론 그럴 수도 있겠다. 백성 이상으로 중요한 것은 없기 때문이다. 필자는 여기서 조금 더 적극적으로 보아야 한다고 믿는다. 조선조가 지정학적으로 불리함에도 그때의 명나라와 청나라보다 나라 유지가 길었다. 조선조가 건국된 1392년부터 끝나는 1910년까지 518년간 지속되었다. 이렇게 길게 역사를 이끌 수 있게 된 이유가 무엇이었을까. 훈민정음의 창제정신이라고 보아야 한다. 훈민정음 창제의 요체는 자주성에 더하여 백성 간의 소통력이었다. 우리 문자를 갖고 있다는 자부심에다 백성 간의 소통이 그만큼 원활을 기할 수 있게 되었다는 점이다. 이를 쉽게 간과하면 안 된다. 600여 년이 지난 지금도 한글은 위세를 떨치고 있음이 증명하고 있다. 향후 해외에서 우리 민족이 먹고 살 수 있는 근거도 훈민정음이 되리라고 본다. 국민 간의 소통은 당장 영·호남 교류에 적용시켜야 하며 남·북의 통합도 세종정신의 연장선상에서 다뤄져야 하는 이유이다.

둘째가 개혁을 통한 국력의 총합이다.
집현전을 설치 정치하는 방법론을 길렀다. 정치 이전에 즉 생산과 조율, 그리고 소비까지를 다룰 수 있었다. 길러진 재원들을 치국에 여하히 활용하였다. 통치와 애민사상의 상징인 훈민정음을 창제해서 자주성에 더해 민족의 언어를 통일하려고 하였다. 이를 통해 합목적으로 국민적인 통합을 기하였다. 단일민족을 이루는 결정판이 되었다. 세종대왕은 이렇게 백성을 소통시켜줌으로써 치국책으로 삼았다.

셋째가 인문정신의 함양이다.
세종실록을 보아라. 세종의 인문정신은 뛰어났다. 집현전을 개설한 것은 나라의 통치를 위해서 인재를 길러내기 위한 동기에서 비롯하였고, 신하들과 난상 토론을 생활화하였다.

현재 우리나라는 국회의원 300인 중 인문인들이 적은 것이 아쉽다. 그중에서도 예술인들이 매우 적다. 이에 반하여 법조인은 너무 많다. 이것은 당장은 달지 모르지만 언제인가는 탄력적인 사회로 나아가는데 문제가 될 가능성이 다분하다. 시대정신인 더불어 사회를 열어가는 데 있어 인문적인 숨결이 그만큼 마모가 심할 수 있다. 부드러움과 기본적인 인성이 지켜지는 사회이어야 하는데 법 만능의 경직된 사회가 될 수 있기 때문이다. 앞으로 민중이 주도하는 사회로 가려면 더더욱 이와 같은 권위주의적인 상징성은 탈피해야 한다. 인성에 의한 다양성이 보장되는 미래사회를 내다볼 수가 없기 때문이다.

넷째가 민생과 과학 입국이다.

백성의 민생을 돌보기 위하여 매진하였다. 세 가지이다

첫째는 양곡의 안정적인 확보를 위하여 전반적인 수급대책을 세웠다.

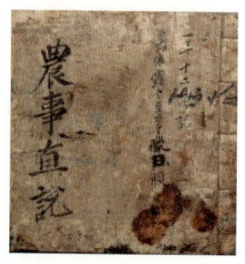

중국과는 토양이 다르기에 여기에 필요한 대안을 얻기 위해 집현전에 명령하였다. 우리 토양에 맞는 농법을 개발하자는 것이었다. 이렇게 해서 귀하게 얻어진 것이 『농사직설』이다. 효율적인 농지 이용과 쌀 수급대책이 담겨 있고, 그 결과 원활해졌다.

둘째는 천문에 대한 연구를 통하여 각종 기자재를 준비하였다.

일기의 측정은 농사를 짓는데 불가분의 관계이었다. '혼천의'와 '측우기'를 발명하였다.

셋째는 백성의 건강을 지키기 위하여 한방을 총정리하였다. 『향약집성방』이다.

서얼에 상관없이 인재를 과감히 등용해 민생과 과학 입국을 실현시켰다. 신분에 상관없이 인재 등용에 따라 장영실, 이천, 박연 등을 포

진시켰다. 이는 오늘날 농정과 우주 과학시대의 확고한 경쟁력을 위해서도 인재를 중용해 쓸 수 있어야 함을 역설하고 있다.

다섯째가 국방이다.

독도

대마도

4군과 6진을 개척하였고 독도와 대마도를 우리 땅으로 선언하여 강역으로 삼았다. 국내에는 고려 이후 한반도가 왜구가 자주 출몰하는 지역이 산재하였었다. 백성을 보호하기 위한 적극적인 조치로 피신처인 성을 전국에 쌓는 일이 매우 중요하게 다뤄졌다. 현재 전국에 산재하는 성들은 세종 조에 만들어졌다

고 보아야 한다. 4군을 개척하였던 최윤덕 장군은 세종대왕의 뜻에 따라 일생을 전국에 성을 쌓는 일에 보낸 분이었다. 그 전까지는 백성이 허허벌판에서 약탈자 왜구들을 맞을 수밖에 없어 속수무책으로 수탈당할 수밖에 없었다. 성 쌓기는 이와 같은 상황을 미연에 막는 방책이 되었다. 다만 찾아 놓은 우리 땅 '대마도'를 후손들이 지키지 못하였다. 이제는 일본이 '독도'를 거명할 때 우리는 '대마도'를 거명할 수 있도록 맞불을 준비해야 한다. 이것이 항구적으로 '독도'를 지키는 힘이 될 것이다.

[논단 1]

2
결합자본주주의 1

***

새 정부는 가치순환의 이론부터 올바르게 하고 출발하라.
- 세상이 돌아가는 이치는 <u>경제</u>-<u>정치</u>-<u>사회</u>이다. -

오늘과 같이 정치-경제-사회가 아닙니다.
정치가 맨 앞으로 나오니 원칙 자체가 훼손되는 이유가 되었다. 자본주의의 도그마적인 횡포도 바로잡히면 순리적으로 바뀔 수 있다.

우리 국가 사회는 정치가 앞에서 강조되는 것이 언제나 문제를 일으킨다. 정치의 본질은 조율이다. 경제와 사회의 가운데에 놓여서 생산을 사회에 공평하게 나누는 조율기능으로 국한시킬 수 있어야 한다. 정치인들의 집단인 국가가 시장에서 자율의 기반에서 기업과 소비자 민중과의 가운데에서 조정을 맡는 것으로 끝나야 한다. 세수와 소비를 동시에 만족시켜 주어야 하는 원리이다. 새 정부에서는 지금까지 잘못되어 내려온 가치순환 이론의 구조부터 바로잡고 시작해야 할 이유이다. 이것이 바로 잡히지 않으면 무엇을 해도 뒤틀어지게 되어 있다. 첫 단추가 잘못 꿰인 것과 같다.

거듭 강조한다. 지금까지 불문율로 점철되어 내려왔던 정치, 경제, 사회의 어순을 가치체계로 순환구조를 바꿔서 경제, 정치, 사회로 올바르게 정착시키고 그에 따라 운위되어야 한다.

경제행위는 사람이 살아가는데 있어서 무엇보다도 우선이다. 생산과 소비의 과정이 경제이다. 이를 공평하게 나누게 할 수 있는 조율이 필요한데 정치가 그 역할을 맡게 된다. 다음으로 사람이 살아가는 바탕인 사회의 공정과 균형이다. 공정과 균형의 잣대를 맞추자. 따라서 사회에는 관리하는 법이 있어야 하고. 사람들의 다양성의 삶을 보장할 수 있도록 제도를 제때 탄력적으로 병행시켜 주어야 한다. 예전의 법도에 불문율을 중시하였던 이유가 따로 있었음도 알자. 불문율은 성문율과 다르게 사회를 부드럽게 순화시켜 무리가 없도록 한다. 그리고 누구라도 적응하는데 거리낌 없도록 한다. 사회를 법 없이도 규범적으로 유지할 수 있게 해주는 장점이 있다. 경복궁에 가봐라. 예전에 집현전 자리에 있는 건물에 붙어 있는 현판은 수정전(修政殿)이라 판각되어 있다. 바로 생산과 사회를 가운데서 조율하는 것이 정치에 주어진 역할임을 강조하고 있다. 판각은 상시적으로 음미해 내기 위한 상징과 의지를 명시적으로 보여주고 이에 따르게 하기 위함에서 판각화시켰다.

과거 집현전으로 사용되었던 경복궁의 '수정전' 모습

3.

[논단 2]

결합자본주의 2

***

국민의 4대 의무를 바꿔야 할 때이다
- '기본소득'과 '기본소비'를 대등하게 의무화시켜야 한다 -

고용률이 줄어들 AI 시대에는 필수인 '기본소득'과 '기본소비'를 동시에 경제 활성화와 안정정책으로 다듬어 시행할 수 있어야 한다. 동시에 만족시킬 수 있는 내수 진작책을 결합시켜 국민적인 의무를 새롭게 제도화시켜야 한다. 취지상 현재 4대 국민의 의무 중 '근로'를 빼고 '소비'로 대체해야 한다. 아니면 근로를 놔둔 채 5대 의무제로 개헌할 수도 있다.

기업이 납세를 하는 데에 따라 일정량의 소비를 의무제로 제도화하자. 확고한 '기본소득'을 위하여 소비를 제도로 뒷받침하는 경기 부양책이자 내수 진작책이다.

본격적인 AI 시대를 앞두고 고용의 불평등 구조가 천연덕스럽게 만들어질 것이다. 따라서 선순환적으로 '기본소득'은 생산의 안정적인 소비를 위해서도 불가분의 관계임을 인식할 수 있도록 하자. '기본소득'과 '기본소비'의 재원 마련을 위하여 누이 좋고 매부 좋은 형으로 경제 논리를 작동시켜가는 것이다. 이는 앞으로 누가 어쩐다고 해서 피해갈 사안이 아니다.

  국가 사회의 기본소득의 재원 마련을 위하여 대기업과 소비자인 민중과의 대타협이 필요하다. 기본소득의 재원 마련의 근거인 기업의 납세가 근거라면 '기본소비'는 생산품을 소비시켜 줄 명분을 만들어 주는 것이다. 사전에 기업과 소비자를 이해시켜서 자연스럽게 선순환 구조를 만들어 주는 것이다. 이를 국민 의무제로 뒷받침하여 제도로 만들어 가는 것이다. 한 예로 지역 상품권을 발행하듯이 전용 카드가 있어서 개인의 치부가 없이 전액 상품구매에만 쓰도록 강제하면 된다. 노인들을 위하여 문화누리 카드가 발행되고 있다. 사용처를 지정하여 책과 극장 등에만 사용케 하는데 이 방안을 그대로 활용하면 된다. 국민 의무제로의 강제성이 있기에 따로 연구는 좀 더 해야 하겠지만 내수 진작책의 일환에 맞춰 국민 의무제도로 강제하는 것이 좋다. 현재 국민과 기업은 나라의 4대 의무제를 숙지하고 있다. 기본소득의 불가피성을 기본소비와 연동시키면 그리고 이를 의무제로 바꾸면 큰 마찰 없이 원활한 경제정책이 될 수 있다. 상설 케인즈(Keynes)적인 경제 논리라 할 수 있다. 방만한 자본 논리를 큰 틀에서 관리할 수 있는 것이다. AI

시대를 전망하고 이를 공유한 뒤 기본소득의 정례화를 위한 것이다. 기업과 국민을 설득하는 데는 꽤나 설득력이 있는 시스템이 될 수 있다고 본다.

4.

[논단 3]

결합자본주의 3

✳✳✳

직접민주주의

– 직접민주주의 시대를 열자 –

지구가 우주의 중심입니다. 여성은 선거에 참여할 수 없습니다. 흑인은 태어날 때부터 노예입니다. 왕이 곧 국가이며, 따라서 모든 권력은 왕의 것이고, 왕은 세습에 의해 영원히 백성을 지배할 수 있습니다.

이 모든 말이 너무나 익숙하고 당연하게 받아들여지던 때가 있었습니다. 지금은 여러분들이 아시는 것과 같이 익숙하지도, 당연하지도 않습니다. 그저 이상한 소리에 지나지 않습니다.

그럼 다음과 같은 말들은 어떻습니까.

대의제만이 민주주의를 실현하는 유일한 방법이다. 국회의원이 아닌 국민은 가만히 있고 법률안 제출도 못합니다. 더욱이 재정은 말도 안 됩니다. 불신을 받는 국회의원을 소환도 할 수 없습니다. 국민이 납부하는 세금의 용처를 국민이 정할 수 없습니다. 국회의원들만이 예산이라며 우리 민중이 낸 세금을 그들 마음대로 심의, 의결, 결산할 수 있습니다. 직접민주주의는 현실적으로 불가능한 제도입니다.

이 말들이 당연하게 받아들여진다면 그것은 뭔가 잘못된 것이 아니겠습니까.

똑같이 우리 후세들에게도 이 말이 익숙하지도, 당연하지 않게 들리도록 해줘야 합니다. 그러기 위해서는 지금의 턱이나 모자란 대의제가 아닌 새로운 시대에 꼭 맞는 국가체제를 만들어야 합니다. AI 시대에 맞게 몸에 맞는 옷을 입어야 합니다. 그것이 직접제인 직접민주주의입니다. 이를 위하여 이 책에서는 직접민주주의가 무엇이냐를 살피고, 어떻게 가능하냐를 분석하였습니다.

국민을 대신하겠다며 위임이라는 정치 기술로 국민주권을 제한하고 유린하였던 지금의 대의민주주의, 그러나 주권을 위임해 달라던 대표자들은 언제인가부터 그 위임으로 주권으로부터 우리 주권자를 소외시켰습니다. 이것은 당초 국민에게 주어진 권한을 직접 행사하지 못하고 대표자에게 위임 양도해 줌에 따라 잉태한 비극적인 연원에서 비롯되었다고 할 수 있다. 우리는 이토록 이기적이며 수동적인 제도 자체에 대하여 지금껏 별 문제의식 없이 추종만 해왔습니다. 하지만 오늘 우리가 목전에서 대하는 대의제는 그 여느 때와 달리 한계를 급격히 노출시키며 비합리적인 양태를 보여주고 있습니다. 한편 시장은 신이라며 세계 경제 시스템을 일거에 휩쓸며 우리를 굴종으로 내몰았던 신자유주의를 앞세운 자본주의는 드디어 정상 궤도에서 이탈하기 시작하였습니다. 신자유주의가 경배하며 부르짖던 시장이라는 신은 어느새 탐욕의 신으로 변하여 오히려 시장 파괴자가 되고 있으며 현재 전 세계를 황폐화시키고 있습니다. 결국, 우리 모두는 오늘에 이르러서야 그간의 지구적인 근간들이 하나둘 스스로의 한계를 드러내며 서서히 자기 수명을 다하고 있음을 생생하게 지켜보고 있는 중이라 할 수 있습니다.

따라서 이제부터는 지금과 같이 소수의 대표에게 맡겨 놓는 구태의연한 민주주의가 아니라 국민이 직접 국정에 참여하여 결정할 수 있는 제도적, 기술적인 차원의 새로운 민중민주주의가 가능한 합리적인 경제정치 제도를 창안해야 합니다.

이 책에서 새롭게 창안해서 대안으로 제시하고 있는 완전 공시주의와 완전 과세를 결합하는 현대적인 직접민주주의는 현재의 체제론적인 한계를 극복하는 데 있어 매우 합리적인 경제

정치 제도가 될 것입니다.

　이 제도는 실질적인 국민주권의 실현이라는 인류적인 염원의 성취와 함께 인류 공존과 공영의 보편적인 가치를 구현할 수 있습니다. 나아가 21세기 세계 평화와 안정을 확실하게 담보할 수 있는 세계사적인 시대정신으로 자리매김할 수 있으리라 확신합니다. 향후 민중들의 생산적인 토론과정이 필요하다. 이에 앞서 독자 여러분의 관심과 질정을 바라마지 않습니다.

　대의제를 폐기하고 직접제를 받아들여 국정에 국민적인 참여를 보장해야 합니다. 시스템에 의한 AI 시대를 막힘없이 과감하고 활발하게 펼쳐 나갈 수 있도록 해야 합니다. 물론 대의제 때 유보되었던 국민 발안에 의한 법률제정권과 국민소환 제도를 채택해서 책임 행정을 펼쳐갈 수 있도록 제도화해야 하겠습니다. 시대는 시스템이 구비되지 않았던 236년 전에 프랑스 시민혁명의 때가 아닙니다. 지금은 시스템이 넘치게 갖춰진 21세기입니다. 이미 유럽의 몇 나라와 남미 등에서는 직접제를 채택하여 운영하고 있습니다. 특히 강소국 스위스는 직접민주주의를 받아들여 원활하게 시행하는 중입니다. 스위스는 강소국으로 불리면서도 국가적인 안정을 구가하고 있습니다. 직접제는 무엇보다 국민이 모두가 국정에 참여하여 권력의 무소불위나 불합리가 없도록 하며 소외가 없이 서로를 챙기는 모범국이 되어 있는 점이라 하겠습니다.

-『직접민주주의』(김제국 지음 - 인간과자연사) 중에서 발췌 -

5.
새 정부는 이 땅의 통합을 위하여 몰표 없는 선진민주주의 국가부터 세워라.

***

영남과 호남을 편애하라.

경상도와 전라도가 이웃이 되도록 함께 발전시켜야 한다.

 이 나라의 힘을 배가시키는 것은 영남과 호남의 몰표 주기를 크게 완화시키는 것이 관건이다. 따라서 양 지역의 어려운 재정자립도를 높여줄 수 있어야 한다. 몰표로 대응하는 영남과 호남을 대접해서 합리가 운위되도록 해야 한다. 이래야 국가의 융성이 보장될 수 있다. 영남과 호남의 몰표 주기가 결국 지역을 떠나 대한민국 전체에 악영향을 주고 있기 때문이다. 나라가 망해도 좋다는 식으로 몰표를 주고 있다. 국민통합을 가로막는 절대적인 요체이다. 이때 타지역은 이를 용해할 수 있는 아량의 폭을 가져야 한다. 두 지역의 화해를 위하여 타지역은 일정하게 인내하도록 하자.

제21대 차기 정부는 경상도와 전라도에 대한 특별한 배려를 바란다. 지역의 화합 차원에서이다. 치졸한 몰표주기는 우리나라가 적합한 민주주의 국가가 아니라는 증표를 보여주는 것과 같다, 무엇보다도 문제는 이렇게 두 지역이 몰표로 나뉘면 나라가 합에 의한 동력이 생길 수가 없기 때문이다. 따라서 두 지역의 경제가 원활해져서 더 이상 몰표가 없이 완화될 때까지 이해하며 기다릴 수 있도록 하자. 선진적인 민주주의 국가를 하겠다면서 계속 이와 같은 구태를 지켜보고만 있을 순 없다. 국가의 역량을 높여갈 수 있어야만 나라의 미래가 보장된다.

영남은

이번에 필자가 돌아본 경상도 안동은 경북의 도청 소재지이다. 짧지만 여론을 들었다. 이곳 지역 분들은 우선의 현안으로 세 가지를 기대하고 있었다.

첫째 대구와 경북을 통합하지 말라는 것이고,

둘째 병원의 신설인데 국립 안동대학교에 의과대학의 설치이다.

셋째 전반적으로 도로를 넓혀 달라고 하였다. 안동시와 붙은 도시들과 달리 안동만 도로 사정이 안 좋다고 하였다. 특히 예전의 보부상이 이용하던 해산물과 물류 통로인 포항-영해-영양-장갈령-예안-안동으로 연결하는 '골 길' 도로의 확장이 필요하다고 하였다. 이는 당은 달라도 지역의 국회의원과 정부가 협조하여 논의, 지역민을 위해 공동으로 협력해야 할 사항이다.

호남은

첫째 군 공항 이전 지원
둘째 의과대학 종합병원 신설
셋째 AI 컴퓨팅 센터 유치 혹은 재생에너지 특화단지 조성.

6.
소개합니다

***

민주당 - 3대 정책 중에서

1. '기본 소득'

 더불어민주당이 기본사회 구축을 위한 5대 정책을 공개하였다. 민주당은 인생의 모든 과정에서 기본적인 삶의 조건이 보장되는 사회를 만들겠다고 강조하였다. 먼저 전 국민의 기본 주거에 대하여 국가가 책임을 실현한다는 구상이다. 여기에는 안정적인 거주 공간이 필요한 자녀의 양육 세대에 분양전환 공공임대 주택을 공급하겠다는 내용이 포함되었다. 특히 두 세 자녀 출산 신혼부부에게 각각 24평과 33평짜리 분양전환 공공임대 주택을 제공하겠다는 계획이다. 아울러 지역 활성화를 위한 월세 1만 원 임대주택을 확대하고 기본주택 100만 호를 공급하는 정책도 약속하였다.
 대학 무상교육도 포함되었다. 민주당은 우선 국립대와 국립

대학 법인, 전문대 등에 무상교육을 실시하고 4년제 사립대는 등록금을 반값으로 인하하겠다고 하였다. 또 국가장학금을 폐지하는 대신 저소득층을 별도로 지원하고 한계 대학의 폐교를 포함해 대학구조계획 개혁을 병행해 추진한다는 계획이다. 민주당은 제22대 국회 내에서 고등교육법과 고등교육 재정교부금법 등을 개정해 이를 실현하겠다는 입장이다. 더불어 부모의 양육 부담을 덜 수 있도록 아동수당(우리 아이 키움 카드)을 확대하고 성인이 된 자녀의 자립을 위한 목돈 형성에도 국가가 나서겠다는 입장이다. 또 비용 탓에 결혼, 출산을 고민하는 청년층을 위해 결혼 시 소득 자산 등과 무관하게 모든 신혼부부에게 가구당 10년 만기의 1억 원을 대출하고, 이를 출생 자녀 수에 따라 원리금을 차등 감면하도록 설계하였다. 민주당 선대위 정책본부는 "기본사회 5대 정책을 통해 태어나서부터 교육을 받고 사회구성원으로 살아가는 모든 과정에서 국민 모두의 기본적인 삶의 조건이 보장되는 기본사회를 만들겠다고 말하였다.

- 전자신문 최기창 기자 -

2. '먹사니즘'

먹고사는 문제는 인간에게 있어 가장 기본적인 생존 조건이다. 최근 '먹사니즘'이라는 개념이 주목받고 있다. 단순히 생계유지를 넘어 정치와 경제, 그리고 세계적인 가치관으로까지 확장되고 있다. 먹사니즘의 뜻을 정확히 이해하고, 정치권에서 어떻게 활용되고 있는지 살펴본 후 전 세계적으로 적용될 수 있는 철학적인 개념으로 발전할 가능성까지 짚어 보겠다.

먹사니즘은 '먹고사니즘'에서 파생된 단어로 볼 수 있습니다. "먹고사니즘"은 '먹고 살다'와 영어 접미사 'ism'의 합성어입니다. 먹사니즘의 뜻은 먹고사는 것을 최고의 가치로 두는 철학을 의미합니다.

전 세계적으로 적용될 수 있는 구호로서의 먹사니즘

먹사니즘은 특정 국가나 시대에 국한되지 않고 전 세계적으로 적용될 수 있는 개념입니다. 세계적인 경제 위기가 지속되고, 불평등이 심화되는 상황에서 생계 문제는 누구에게나 중요한 화두가 됩니다.

많은 나라에서 경제 불안전성이 커지면서 실용주의적인 정책이 강조되고 있습니다. 생존과 직결되는 먹고사는 문제를 해결하기 위한 정책은 개발도상국뿐만 아니라 선진국에서도 중요한 쟁점입니다. 예를 들어, 기본소득 보장, 노동 안정화, 주거 복지 강화 등의 정책이 전 세계적으로 논의되고 있습니다.

이러한 흐름 속에서 먹사니즘은 하나의 세계적인 구호가 될 가능성이 있습니다. 단순히 경제적인 생존을 의미하는 것이 아니라, 지속 가능한 발전과 함께 인간다운 삶을 유지하는 방향으로 확장될 수 있습니다. 이를 위해 각국은 정책적인 접근뿐만 아니라 기업과 사회가 함께 해결책을 모색하는 노력이 필요합니다.

마치면서

먹사니즘 뜻은 단순한 생계유지 개념을 넘어, 현대 사회에서 중요한 철학적인 개념으로 자리 잡고 있습니다. 정치권에서는 국민의 실질적인 삶의 질을 높이는 방향으로 먹사니즘을 강조하고 있다. 세계적인 차원에서도 경제적인 안정과 지속 가능한 발전을 위한 중요한 가치로 평가되고 있습니다. 결국 먹사니즘은 시대와 상황에 따라 변형될 수 있다. 기본적으로 인간이 살아가는 데 있어 필수적인 요소를 고려하는 현실적인 철학입니다. 단순한 생존이 아니라 더 나은 삶을 위한 정책과 노력이 필요하다. 이를 통해 보다 지속 가능한 미래를 만들어 갈 수 있을 것 같습니다.

- 네이버 블로그 인용 -

3. '에너지 고속도로'

이재명 더불어민주당 대표가 10일 국회에서 당 대표 연설을 통해 "에너지원 대부분을 수입하고 전력만이 고립되어 에너지 자립 안보가 무엇보다 중요하다. 석탄과 LNG 비중을 줄이고 재생에너지를 늘려야 한다라며 어디서나 재생에너지를 생산하도록 에너지 고속도로를 건설하자. 전력 생산지의 전력요금을 낮추어 바람과 태양이 풍부한 신안, 영광 등을 에너지산업 중심으로 발전시키자고 말하였다. 이어 "한국형 마더 팩토리를 거점으로 소재 부품과 장비의 국산화를 지원하고, 산학협력 등 혁신 생태계를 조성하자. 철강과 석유화학 관련 기업이 폐업하면 그 지역경제가 망가진다. 포항, 울산, 여수, 서산, 당진이 그런 지역으로, 이 지역에 산업 위기대응 특별지역 선포를 제안한다"고 말하였다.

또한 "AI와 첨단기술에 의한 생산성 향상은 "노동시간 단축"으로 이어져야 한다. 창의와 자율이 핵심인 첨단과학 기술시대에, 노동시간 연장과 노동착취로는 국제경쟁에서 생존조차 어렵다. '주 4, 5일제를 거쳐 '주 4일 근무 국가'로 나아가야 한다며. 기본사회를 위한 회복과 성장위원회를 설치하여 당력을 동원해 '회복과 성장을 주도하겠다고 말하였다.

아울러 "기업 발전과 노동권 보호는 양자택일 관계가 아니다. 대화와 신뢰의 축적으로 기업의 부담을 늘리고, 사회안전망을 확충하며, 노동 유연성 확대로 고용을 확대하는 '사회적인 대타협'을 위해 노동시간 단축, 저출산과 고령화, 생산인구 감소 대비를 위한 '정년 연장'도 논의하자'고 말하였다.

- 투어코리아 인용 -

7.
판단과 변명

***

- 유시민 작가와 인물들 -

홍반장 - 이번 계엄은 45년 후에 이렇게 험한 꼴을 당하였습니다. 민주주의의 우등생이라고 우리 스스로가 자부하였는데 한순간에 무너지지 않았나요?

유시민 작가 - 안 무너졌는데요. 흔들리기는 하였으나 부서지지는 않았습니다. 흔들려고 하였는데 흔들리지 않으니까 계엄령을 발동한 것 아닌가요. 우리 국민은 민주화 정신을 잊지 않고 그대로 갖고 있었습니다. 독재에 대한 면역력을 그대로 갖고 있는 건강체라 보셔야 합니다.

- 겸손은 힘들다 방송중에서 -

유시민 작가는 현 정국에서 여러 면에서 유능한 사람이라는 데에는 국민 모두가 이의가 없으리라 본다. 다만 논리에 비해 대통령감으로 심약한 부분이 있는 듯해서 스스로가 대권 가도에서는 중도하차한 것으로 보인다. 아쉽다. 다만 이런 마당에 그에게는 또 다른 역할이 주어져 있다. 나라의 민주주의가 성숙하려면 선수로서만 구성되는 것이 다는 아니기 때문이다. 장외에서 가늠자 즉 유능한 사회평론가가 있어야만 한다. 장내에서 장외를 의식하지 않을 수가 없다. 이와 같은 측면에서 볼 때 유시민 작가는 그에 걸맞고, 앞으로 기대가 크다. 어깨동무하는 민중의 세상을 펼쳐가야 하는 이 시점에서 앞으로 20여 년 간 좀 더 소중하게 쓰일 어른으로 모셔질 수가 있었으면 좋겠다. 특히 '응원봉 2·3십대 여성 민중들'에게 가까이하며 응원과 격려를 아끼지 마시라. 우리 민중에게도 두말이 필요치 않은 소중한 분이라 하겠다.

1. 지구상의 지도자 유형별 분류

*대한민국 - 노무현 (1946-2009)

정치계의 입문부터 파격적이었다. 지역의 정치 거물들이 부산의 인재를 만들어 김영삼의 집권을 위함에서였다. 중앙정치에서도 부산의 인맥을 가시적으로 만들어 놓기 위하여서 파격을 앞세워서 영입하였다고 본다. 어떻게 보면 김영삼 대표가 숙적 김대중 대표를 의식하였다고 할 수 있다. 인재를 자기 주변에 포진시켜 보여주기식 차원에서 하였으리라 본다. 입문은 상도동계이었으나 3당 합당에 반대하며 동교동과 우군 의식을 공유하게 된다. 이렇게 노무현 대통령은 '정치계의 기린아'이기를 자처하였는데, 이것이 노무현식의 차별화법이었다. 마침 1988년 초선 때 5공화정에 대한 청문회에 나서며 스타가 되었다. 승부사적인 기질은 재선에 성공한 후 느닷없이 부산으로 귀향한다고 하며 서울 종로를 떠났다. 그때는 그 누가 보아도 무모하게 보였다. 표면에 내세우는 것으로는 지역의 균형 발전이었다. 자신의 상품성을 고양시킬 줄 아는 천부적인 승부사 기질도 동시에 국민에게 보여주었다. 알고 보면 재선의 경력을 가진 의원으로서는 파격적이다 못해 무모 그 자체일 수도 있었다. 승부사 기질과 실천의 소유자였음도 동시에 볼 수 있게 하였다. 대통령 이후의 참모습을 국민이 좀 더 볼 수 있었는데 참으로 아깝고 아쉽다.

*아르헨티나 - 체 게바라(1928-1967)

어찌 보면 그에게는 인류사적인 접근방식으로 전 세계가 관심사이었다고 보이는데 우선은 남미가 먼저였다. 도탄에 허덕이는 민중의 해방을 위해 그리고 사보타지(sabotage)를 하는 미제의 압박에서 벗어나기 위한 보다 근본적인 투쟁에 나서서 보여주었다. 따라서 한 국가 즉 부분보다는 세계사적으로

도미노적인 현상을 제고해 보려고 하였다. 인류를 위한 범 세계사적인 리더십을 이끌어내는 데 솔선하여 모범을 보여주려고 한 것이다. 그의 투쟁은 가식이 있을 수 없다. 인류사적으로는 영원히 잊을 수 없는 정의의 검투사였다.

* 브라질 - 룰라 다 실바(1945-)

룰라의 진정성은 신뢰할 만하다. 핍박을 받던 노동자의 신분으로서 노동자가 대접받는 당위를 자기 자신이 해결하겠다는 의지를 실천하였다. 체 게바라와는 방법을 달리하였다. 체제 안에서 투쟁과 합리를 이끌어내려 하였다. 실사구시형 지도자이다. 민중 친화적인 근면성은 또 하나의 지도자상으로 확실히 보여주고 있다. 이후 브라질의 국가적인 부상이 기대된다.

*중화민국 - 주은래(1898-1976)

주은래는 1949년 중국을 통일할 때 모택동에 이어 2인자의 자리에 있었다.

모택동을 앞세워 그의 참모 역할을 한 지략가로 그 역할을 다하였다. 원래 주은래가 모택동 휘하로 들어갈 입장은 아니었

다. 그가 일본에 유학하였을 때는 중국 인민들의 삶이 허우적 거리는 삶을 근본적으로 해소해 보기 위함에서였다. 다시 프랑스로 유학하여 배우면서 생산 현장에서 투쟁하는 모습들을 유심히 보았을 것이다. 귀국하자마자 공산당에 입당하였다. 얼마 후에는 중국에서는 노동자 운동이 다가 아니라는 것을 알게 되었다. 모택동을 만나면서 새로운 사실에 눈을 뜨게 된 것이다. 중국에서는 서양과 달리 노동자가 아니라 농민을 규합하여야 한다는 사실을 모택동을 보면서 직접 목도하게 된 것이다. 참모로만 한정하여 모택동을 도왔다. 두 사람은 더없는 꿈의 조합을 이룰 수 있었다. 이것이 중국 통일의 힘이었고 마침내 1949년 중화민국이란 국가로 출발하였다. 원체 큰 나라이기에 앞으로 또 다른 변수가 있을 수 있다. 하지만 여기서 강조하고자 하는 것은 나라를 떠나서 어느 나라에나 주은래와 같은 지도자가 있어야 한다. 누구보다도 많이 배웠지만 자신보다 못 배운 사람을 도와 참모로서만 한정하여 역할을 다하였다. 주은래는 언제라도 자신의 관심사였던 인민의 궁색함을 해결해 주는 것이 시종일관의 주제였다. 개인의 자리만을 고집해 대세를 그르쳐서는 안 된다는 것을 스스로에게 강조하였다. 앞에 내세울 만한 적임자가 있다면 자신이 도와서 목표를 실천해 결과를 만들어 내는 것이 더 중요하다고 본 것이다. 모택동 때문에 실각하였던 등소평을 사람만 보고 보호하는 결기도 보였다. 이것이 오늘날에 보는 중국의 발전된 모습을 엮어낸 힘이다. 주은래가 중국인에게 더 나아가 세계인으로부터 존경받는 이유이다. 아이도 낳지 않았다. 인민만을 위한 삶을 살기 위하여 부인을 설득하였다. 부인 등계초도 남편의 의사에 따라 깨끗한 동지애로만 나머지 삶을 살다 신뢰하는 동지 곁으로 떠나갔다.

 필자는 요즘 유시민 작가를 보면서 중국의 주은래를 떠올려 보고는 한다. 지도자로서의 타고난 결기를 좀 더 발현시켰으면 얼마나 좋았겠는가 하는 반면에 냉정하게 중도에 스스로를 자족시킨 것을 높이 산다. 이 또한 하기에 따라서는 나라 발전에는 기회의 하나일 수가 있겠다. 지지자들은 아쉬움의 원성은 갖지 않는 것이 좋겠다. 유시민 씨는 말하였다. 생전의 노무현 대통령이 정치를 하지 말고 글쓰기에 전념하는 것이 좋지 않겠느냐는 의견을 권유 받았다고 하였다. 작가 스스로도 이재명의 장점을 얘기하며 심경을 토로한 것으로 알려져 있다. 이재명 후보를 도와서 성공하는 대통령에 성공하는 대한민국이 되도록 힘을 써 주었으면 좋겠다. 경우에 따라서 다는 아닐 수 있을지 몰라도 국무총리로서 역할을 맡아보는 것도 권장할 만하지 않을까 한다. 민중의 궐기로 괴수는 탄핵되었다. 나라의 불안정이 극한에 다다랐었다. 이제 이를 종식시켜야 한다. 처지를 논하지 말고 나라를 위해 다시 한번 솔선수범할 수 있어야 한다.

2. 민중의 정권 창출

2016년 시민이 모여 촛불 혁명을 절정으로 끌어 올려 시민혁명을 완수하였다. 문재인 정부를 만들었다. 하지만 검찰개혁이 잘못되다 보니 도리어 검찰 출신에게 먹힌 꼴이 되었다.

나라가 풍전등화 직전이었다. 추미애 법무장관의 두 번의 진정어린 시그날에 한 번만 들어주었어도 이 사단은 없었을 것이다. 이제 다시 '응원봉'이다. 새로운 세대가 나와 빛의 혁명을 성공적으로 성사시켰다. 열화 같이 꽃피웠던 시민혁명은 갔다. 괴수 윤석열과 함께 영원히 갔다고 보아야 한다. 다음 차기 정부는 시민보다 더 기층민화된 민중이 중심이 되는 정권이 세워져야 하는 이유이다. 민중이여! 다 함께 중지를 모으도록 하자.

3. 강소국 스위스를 모범으로 삼자

유럽에 위치하는 나라들이 대개가 국가로서는 안정된 기조 위에 모범적인 나라들이다. 역사 속에 수천 년간 지긋지긋하게 싸우다 이제 비로소 평안을 추구할 줄 알게 되면서이다. 싸움은 바보짓이다. 격렬하였던 감정보다 차가운 이성적이기를 강조받으면서 평화의 맛을 알게 되면서 비롯하였다. 한반도에서 영남과 호남이 그리고 남한과 북한이 이를 알아야 한다. 특히 여기서 거론하는 스위스는 그들 나라 중에서도 이상 국가가 되어 있다. 중립을 선언해 있는 것도 그러하지만 무엇보다도 직접민주주의를 채택하고 있다는 점에서 높은 점수를 주어야 한다. 직접제는 대의제와 달리 국민이 의정에 직접 참여하는 것을 뜻한다. 앞으로 세계는 지금의 대의제를 탈피해서 직접제를 선호해 탈바꿈하게 될 것이다. 사실 대의제는 채택 당시인 1800년 즈음에는 영구형이 아니었고 임시용이었다. 소위 말해서 시스템이 갖춰지기까지만이었다. 이와 같이 대의제는 영구형일 수 없었고 잠시 거쳐 가는 임시용 국가체제였다. 이제 직접제를 하는데 장애였던 각종의 제약 요소들이 과학 기제의 발달로 완전히 해소되어 있다. 스위스가 직접제를 받아들인 것이 1874년이니 150여 년의 역사를 갖고 있다. 참으로 현명한 나라라 하지 않을 수 없다. 스위스는 전 국민의 참여 민주 공화정을 구현하는 나라이다. 나라의 정책을 비롯해 지역의 현안들을 지혜롭게 논의해서 틈을 들이지 않고, 채택/합의해 왔다. 세계적으로 스위스는 조화롭게 잘사는 나라의 반열에 오르게 되었다. 이것은 국민적인 합의가 언제고 뒷받침하고 있는 시스템 때문이다. 우리나라가 직접제를 가급적 고속도로나 광통신과 같이 빠르게 받아들일 수 있었으면 더없이 좋겠다.

제 IV 부

부   록

1.
대한민국의 자랑스러운 인권변호사

- 계보 전통 잇기 -

***

1970-80년대 인권변호사 1세대들이 계셨다. 국가 정권의 탄압은 변호사들도 비껴갈 수 없었다. 경우에 따라 구속되고 생계까지 위협을 당할 수밖에 없었기 때문이다. 이병린 변호사, 이돈명 변호사, 한승헌 변호사, 홍성우 변호사, 황인철 변호사, 조준희 변호사 등이 대한민국의 자랑스러운 1세대이다. 뒤를 이어 이돈명, 한승헌, 강신옥 변호사는 옥고를 치렀다. 홍성우 변호사는 휴업계를 내야 하였다. 지금 이 정도라도 민주주의와 인권이 지켜질 수 있었던 것은 이들의 공로를 빼놓을 수 없다. '법'이 죽은 시절에도 '역사'를 기록하는 심정으로 이들이 남긴 기록들이 챙겨지고 있다. 오늘날 재심 법정에서 중요한 구실을 하고 있음을 모두 살펴야만 한다.

- 2025년 01. 18. 우리의 인권변호사 중에서 장성열 -

지금 국가인권위원회가 유명무실한 채 제 역할을 못하고 있다. 그러하다면 대안으로 인권변호사의 전통을 확실하게 이어갈 단체로 새롭게 등록시키자. 인권은 일개 정권이 쥐락펴락할 대상이 아니다. 역할을 못하는 것은 실무 부서로 두고, 인권변호사 단체를 국민적인 성원으로 유지 계승해 갈 수 있도록 하자. 그리고 대통령 못지않은 국민적인 권위와 명예를 부여하도록 하자.

조영래 경북 대구 생 (1947년-1990년) 43세

평소 이분의 삶을 흠모해 왔고, 이렇게 모질지 못하게 삶을 영위하는 것에 할말을 못하고 살고 있다. 이 나라 인권의 대부로서 영원히 민중 속에 상징성으로 간직되고 추앙받을 수 있는 분이다. 경기고등학교 3학년 때 한일회담 반대 시위를 주도하다 정학 처분을 받았다. 수석으로 들어간 대학 재학 중 삼성 재벌의 사카린 밀수 규탄과 삼선 개헌 반대 등 학생운동을 주도하였다. 저서로 『전태일 평전』 등이 있다.

노무현 경남 김해 생 (1946년-2009년) 62세

대한민국 제16대(2003~2008) 대통령을 지냈다. 부산에서 변호사 사무실의 개소 후 노동자를 위해 살신성인의 자세로 아

니면 사나이 깡다구로 세상의 불의와 맞섰다. 2009년 대통령직을 끝낸 후 최초로 고향으로 귀향을 하면서 국민에 기쁨을 선사하였고 전국에서 많은 민중이 호응해 방문하였다. 대통령의 역할이 무엇인지 또 하나 보여준 사례가 되었다. 고향과 농촌을 위해 유기농법 등 많은 기획을 하였지만 2009년 아깝게 서거해 고향 집 옆에 묻혔다. 저서로 『여보 나 좀 도와줘』 등이 있다.

박원순 경남 창녕 생 (1956년-2020년) 64세

변호사 및 시민사회 운동가 출신 정치인이다. 제 35-37대 3선 서울특별시장을 역임하였다. 초임 검사로 임용되었지만 6개월 만에 사표를 썼다. '사람을 잡아넣는 일'이 체질에 맞지 않아서였다고 하였다. 권인숙 성고문 전담변호사로서 한 개인으로서의 본분과 역할을 다하였다. 참여연대를 조직해 냈고 필자가 전국 검정고시 총동문회장 때 당시 활동을 같이 하자고 제의를 받았었다. 참여는 못하였지만 참여연대의 재정을 만들기 위해 캐리커쳐 100인전에 초대되는 계기를 통해 친교는 계속 이어갈 수 있었다. 저서로 『박원순과 시민혁명』 등이 있다.

이재명 경북 안동 생 (1964년-) 62세

태어난 곳은 경상북도 안동시 예안면 도촌리이다. 명산 청량산과 낙동강 상류에 위치하며, 북쪽으로 봉화군과 동쪽으로 영양군과 맞닿는 3각 경계 지점이다. 검정고시를 해서 대학을 진학하였고, 1986년 사법고시 합격 이후 성남시장 시절 인권 중의 인권인 여성 생리대의 무료지원과 산후조리원 무료지원 등 새로운 시각으로 시정의 첫출발을 디뎠다. 성남시장, 경기도지사를 거쳐 현재 민주당의 제21대 대통령 후보이다. 6월 3일에 있을 제21대 대선에서 민주당의 대통령이 될 가능성이 높다. 아무쪼록 준비를 잘해서 대통령이 되면 무엇보다도 이 땅의 민중을 위해서, 그리고 비전 있는 대통령상을 보여줄 수 있기를 바란다. 저서로 『이재명과 나의 소년공 다이어리』 등이 있다.

박주민 서울 생 (1973년-) 53세

현재 더불어민주당 3선 국회의원. 이분의 활동은 1914년 세월호 참사 때 희생된 아이들과 유가족을 위해 전심전력 투구하였던 사실이 인상적이다. 인권변호사의 산 증표이며, 누구도 그렇게까지 헌신적으로

유족들을 돕기는 어려울 것이다. '박 주렁주렁'이라는 별명을 갖고 있다. 공식석상에서도 상관없이 많은 배지를 달고 나와서 붙은 또 하나의 상징적인 이름표이다. 유가족들이 달아준 배지라 차마 뗄 수가 없어서 그렇다고 했다. 더불어민주당에 입당 전에 민주노동당-진보신당에서 활동한 경력이 있다. 앞으로가 더 기대된다. 저서로 시집 『세월 품은 풍경화』 등이 있다

*

★환영합니다. 이다음은 어느 분의 자리가 될지 비워 둡니다.

2.
전국적으로 분포한, 300만 검정고시인의 역사

***

검정인은 전국 검정고시 총동문회의 줄임 말이면서 검정고시 과정을 거쳐서 사회에 진입한 사람들을 말한다. 전국 검정고시 총동문회는 1989년에 태동해 출발하였다. 현재 검정인은 전국에 어림잡아 300만 명이라는 것이 통설이다. 어려운 과정을 엇비슷하게 누리며 산 사람들이지만 많은 배출자 중에는 유명세를 떨치며 사는 사람, 사회의 귀감이 되는 검정인이 전국의 사회 구석구석에서 살아가고 있다.

검정인은 대개가 집안이 어려워 제때 정규과정을 밟지 못한 사람들이 많다. 대표적으로 이재명 후보가 이런 경우이다. 아니면 성장 과정에 의외에 일로 교육과정을 놓친 사람들도 있고, 또 다른 부류는 학교과정이 느리다고 생각하는 사람들이 월반이란 측면에서 학교를 자퇴해 검정인이 된 부류도 있다. 여력이 없어서 진학을 못한 일단들은 6·7십년대 공장에 취업해 경제개발 5개년계획에 기반인력으로 참여하였었다. 또 다른 측면에서 지금의 국가 경쟁력을 길러낸 장본인이라 할 수 있다. 이들이 여유를 찾고 난 뒤 뒤늦은 향학열이 검정고시를 준비하였고, 이어서 대학을 나오고, 사회의 중추가 되었다. 이런 사실은 미담 속에 나타난 사실만 보아서도 부지기수이다. 아마도 검정고시인이 그 당시 노동계에 몸담지 않았다면 우리나라의 국력이 지금같이 생겼겠는가 하는 의문도 조금은 부풀려서 볼 수가 있겠다. 필자가 제3대 전국 검정고시 총동문회를 맡아 조직의 기초를 다지는 일에 중점을 두었다. 지금과 같이 전국이라는 규모의 세와 전국에 지부를 만들었던 기억도 새롭다. 현재는 예비역 장성 출신이 동문회의 회장이다. 검정고시인의 활동폭이 나와 있는 기사를 보면 대체로의 면면과 함께 각계에서 활약하는 현주소를 대략적으로 알 수 있다.

1989년 창립한 전국 검정고시 총동문회(전검동, NPAA)는 제1대 회장 박영립 변호사. 제2대 회장 김형석 건축가, 제3대 회장 이호림 도서출판 인간과자연사 대표, 제4대 회장 이상희 의원에 이어 제5대 회장인 강운태 전 농림부 장관이 맡아왔다. 현재는 제19대 이창효 3성 예비역 장군이 이끌고 있다.

전검동의 힘

저마다 사연은 달라도 이들은 모두 검정고시 출신이라는 동질감을 갖고 있다. 그런 동질감으로 뭉친 것이 전국 검정고시 동문회(1989년)이다. 전검동은 1773년에 만들어진 전국대학 검정고시 연합동문회가 모태가 되었다. 그 1년 전인 1972년에 서울대에서 재학 중이던 류장수 씨와 심창섭 씨가 주축이 되어 서울대 검정고시 동문회를 만들었다. 대학에 들어오기는 하였지만 불러주는 고교동문회가 없어 외로움을 느꼈던 두 사람은 '검정고시 출신들끼리 모이면 어떠할까' 라는 생각을 즉각 행동에 옮겼다. 심창섭 씨가 제1대 회장으로 추대되었다. 이듬해인 1973년에는 전국의 검정고시 출신 대학생들이 모여보자는 이야기가 나왔다. 이번에도 류장수 씨가 앞장섰다. 연세대, 고려대, 성균관대 등을 돌면서 '검정고시 출신들 모이자'는 방을 붙였다. 의외로 많은 학생이 연락을 해왔다. 그렇게 해서 1973년에 100명이 넘는 대학생이 모여 전검련이 만들어졌다. 류장

수 씨가 제1대 회장이 되었다. 이어서 1989년에 전국 검정고시 총동문회가 결성되어 오늘에 이르고 있다.

- 동쪽 봉우리 '검정고시 인맥과 파워 기사' 참조 -

2024학년도 대입, 검정고시 출신 SKY 대학 합격자 189명

2024학년도 서울대, 연세대, 고려대, 검정고시 합격생은 189명으로 2013학년도 검정고시 합격자 공시 이래 최고치를 보였다.

종로학원 임성호 대표는 "5년 전 2019학년도 대입에서 4년제 대학 검정고시 합격생 수가 4521명이었으나 2024학년도 대입에서는 9256명으로 2배 이상이 증가하였다. 2019학년도 4521명, 2020학년도 5913명 2021학년도 7221명 2022학년도 7131명, 2023학년도 7690명, 2024학년도 9256명으로 증가 추세를 보였다. 특히, 2023학년도 대입에서 검정고시 합격생 수가 7960명이었는데, 2024학년도 대입에서 9256명으로 1년 새 전년 대비 1566명이 늘어 전년 대비 증가율이 20.4%였다. 내일신문(25. 02. 21)

3.
발행인의 글
- 책무만 있을 뿐이다 -

한평생을 출판인으로 살아오면서 여러 한계를 맛보고 살아 왔습니다. 출판이 역사에 문답해야 할 역할자로서의 근본에 대해서 만큼은 인색해 본 적이 없습니다. 다만 개인의 능력 부족

을 솔직히 말하고자 합니다. 학교 교육에서 본의 아니게 낙오되어 17살 청소년기에 어린 직공 노동자로 사회생활을 출발하였습니다. 오늘의 출판인까지 60여 년을 현업에서 생활인으로 살아왔습니다. 아마도 기쁠 때보다는 기분이 충만하지 못한 채 세상에 이끌리며 허덕거리는 삶을

부록 • 211

살아왔을 것입니다. 글쓰기에 관심을 두던 중 1978년 출판사에 입사하는 기회가 주어졌습니다. 이때에서야 세상에 눈을 뜨고 나의 주체적인 안목도 가질 수 있게 된 것 같습니다. 하지만 현업 현장에서는 출판문화 산업의 중요성이 강조되는 것과는 많이 달랐음을 알았습니다. 출판이라는 지식산업에서 미덥지 못한 부분도 많이 보게 되었습니다. 누군가 지식산업임을 늘 강조하였고, 헌법 전문에는 언론·출판의 자유를 담보하고 있지만 그 수많은 금서 목록을 보고 놀랐습니다. 8·9십년대 온몸으로 저항하며 일구는 사회과학 출판사의 황금기도 목격하였습니다. 출판이 분명 다른 업종과는 비교할 수 없는 당위가 있었음을 인식할 수 있었습니다. 세상은 아는 만큼 보인다. 물어볼 줄 알아야 제대로 된 답과 진실에도 다가갈 수 있다. 이는 사유만으로는 어렵다. 책을 많이 읽어야만 비로소 가능하다. 오늘 필자가 하고 싶은 말은 다름이 아닙니다. 왜 책은 지식인들만을 위해 만들어지는가입니다. 특히 국민, 그중에서도 대중인 민중이 글을 읽어 깨달음이 커져야 하는데도 말입니다. 국민의 의식 수준이 높아져야 한다고 하면서도 말과 행동이 다릅니다. 국민의 의식 수준이 높아지려면 대중의 의식 수준이 높아져야 하는 것을 다 아는데도 말입니다. 지금도 뭔가 실상은 겉돌기만 하고 개선되는 것 같지는 않습니다. 예를 들어보았지만 다는 아닙니다. 하지만 출판의 중요성을 강조하려다 보니 어쩔 수가 없습니다. 우리의 숙적 일본의 경우를 예로 들어보겠습니다. 지금 입헌민주주의 국가라 함이 다 좋게 보이지는 않겠지만 대체로 일본은 역사상 우리나라보다 뒤져오던 나라라고 알고 있었습니다. 하지만 어느 순간 우리보다 앞서갔습니다. 그 이유가 무엇이었던가를 위하여 역사 속에서 찾아 그 예를 들며 알 수 있습니다. 일본은 1868년 '명치유신'을 시행하면서 나라를 이끌어가는 근간인 기조를 바꿨습니다. 하나는 폐지하였던 천황제를 부활시켜 영국과 같이 입헌민주주의 국가로 재건국하였습니다. 요즘 시각으로 보면 민주 공화정이 아니라 군주제로의 복귀였습니다. 또 하나는 문명사적으로 앞서가던 유럽, 그중에서도 네덜란드의 난학2)을 적극적으로 받아들였습니다. 그때의 유럽은 문명사적(산업혁명)으로 깨어나 있어 선진국의 학문을 받아들인 것으로 봐야 하겠습니다. 근대국가로의 진입이었습니다. 난학은 기술과 의학, 문화 등 실용성을 담은 인류사적인 탐험서인 총서 시리즈입니다. 일본은 이를 번역하여 축소 지향의 일본인 취향에 맞게 문고판으로 출간하였습니다. 일반 민중들의 의식과 인식력을 높여가기 위한 일환에서였다는 것으로 알고 있습니다. 국가와 개인의 지향점을 제시하는 결정판이자 출판산업만이 갖는 고유 영역을 국민 의식 제고의 활용이었다라고 할 수 있겠습니다.

---

2) 일본 에도 시대에 유럽, 특히 네덜란드 동인도 회사를 통해 유입된 서양의 학문을 이르는 말.

출판을 통한 깨우침, 일본은 통하였다.

국민적인 의식이 깨어나고 막부의 사무라이적인 싸움판의 지난한 질곡에서 극적으로 벗어났습니다. 일본에는 오랜 연륜만큼이나 뛰어난 출판사가 많이 있습니다. 그중의 대표적인 출판사가 이와나미(岩波)입니다. 1927년에 설립되어 문고판형 출판을 주도하였던 출판사입니다. 문고판형은 대중의 의식개혁만을 위한 실생활용으로 착안되었습니다. 저자는 이미 서양에 만들어져 있었고 번역과 출판의 공정과정만 빠르면 되었습니다. 출판비용은 적게 들이고, 대중인 독자가 쉽고 편하게 접할 수 있도록 기획되었습니다. 효과는 대단히 컸습니다. 문고판은 대중에 쉽게 접할 수 있도록 하면서 다음의 단계를 높여가기 위한 디딤돌 과정입니다. 의도된 단계적인 수련을 위한 전략적인 기법의 전략서라고도 할 수 있겠습니다. 이렇게 출판을 통해 국민의식을 높여서 문화 융성의 초병으로 삼으려 하였던 것입니다. 결국 일본은 이 기획 의도가 성공하였습니다. 일본인들은 깨어났습니다. 바로 출판사 이와나미가 이 프로젝트 기획의 주축이자 실체였습니다. 이와나미 출판사는 요즈음 사정이 어떠한지 다 모릅니다. 아마

지금도 일본 국민 속에서 대기업과 분명 다르게 특별한 대접을 받을 것으로 짐작되고 있습니다. 이 깨어난 축적의 여파가 맞닥뜨린 1894년의 청일전쟁과 1904년의 노일전쟁을 승리로 이끌었습니다. 나라에 힘이 있음을 대내외에 과시하였습니다. 다만 관성이 지나치면 호전성을 불러오게 마련입니다. 미국까지 공격하는 우를 범하여 1945년에 히로시마와 나가사키에 핵폭탄을 맞은 것을 잘 알고 계십니다. 이와 같이 일본의 힘 저변에는 모두가 출판이란 매체가 갖는 역할에서 비롯하였다는 점을 말씀드리고 싶었습니다. 책이 장려되어 깨우침을 국민이 공유하면 발현되는 힘이 이와 같은 것입니다. 책 자체에는 무궁한 순기능을 갖고 있습니다. 사회과학적으로 책 속에 세상은 투쟁과 쟁취만이 다는 아니다를 함축하는 함의를 갖고 있습니다. 사회적인 불만을 해소시킬 수 있는 대안을 사전에 출판으

로 공유시켜 가는 정치적인 역할이 있습니다. 이와 같이 출판은 주관을 객관화시키고 이를 대중인 독자와 공유해서 사전에 문제 해결을 유도하는 도구이자 여과 장치입니다. 따라서 출판은 세상의 모든 의문과 문제점을 담아내고 걸러내면서 옥석을 가리는 합리화 과정이라고도 말

하고 싶습니다. 국내 출판의 한계가 무엇인지 노골화되어 있는지는 오래입니다. 해방 후에 시도하다가 두 번의 금서 파동 등으로 무기력해졌습니다. 하나는 5·16 군사 정변으로 또 하나는 전두환 군사 쿠데타였습니다. 필자는 지금도 이런 점에 있어서 아쉬움과 함께 국내 출판이 갖고 있는 또 다른 한계를 벗어던져야 한다고 봅니다. 출판인 50년을 눈앞에 두고 있습니다. 이런 사실에 황당해 하면서도 한 번뿐인 삶에서 무엇을 해왔나 생각하면 솔직히는 슬픕니다. 유럽을 다녀온 전후로 뜻에 맞추어 출판단지 조성사업에 잠시 일조하였습니다. 하지만 추진과정에서 시간을 너무 많이 허비하였습니다. 그리고 언제쯤에는 취지 자체에 회의감도 들었습니다. 출판이 갖는 속성상 뭔지 단지화시키는 것이 다는 아닌 것 같아서였습니다. 그것이 무엇이든 규모가 커지면 규모의 경제 논리가 지배하게 되는데 출판가치의 총아인 사회과학서 등 실험서들의 출판이 질적으로 가능할 것인지를 곱씹어 보게 되었습니다. 따라서 스스로 책이 책다운 출판을 해보기로 하였습니다. 처음에 의욕적으로 손댄 것이 신간을 소개하는 서평지였습니다. 언론사에만 의지하였던 출판계를 자체적으로 홍

보하고 장려하는 매체이자 일환이었습니다. 신간 서평지 겸 월간지 '월간 책'을 98,000부나 발행해 보았습니다. 종로서적과 교보문고가 초기에 '월간 책'을 대용하여 홍보 책자로 활용하였습니다. 1997년의 IMF로 무척 아팠습니다. '월간 책'이 문을 닫은 후에는 스스로 단행본 출판을 하게 되었습니다. 당시로서는 학교 교육이 중요하다고 생각하였습니다. 첫 번째 기획서로 『선생님 나의 선생님』, 『박제가 되어버린 천재를 아십니까.』, 『위기의 교육 위기의 아이들』 3종이었습니다. 이어서 학교 현장에서 책을 많이 읽게 하는 독서 방법론에 관한 책을 초·중·고로 분류해 출간하였습니다. 『창조적인 독서교육』 『어린이 독서교육』 『통합적인 독서교육』 『독서토론 교육』을 차례로 출간하였다. 이를 실질적으로 돕기 위한 수단으로 현재의 '도서상품권'의 발행도 1995년 업계에 제안하였고, 지상파 방송에 출연해 역설, 발권되는 과정도 보았습니다. 지금 생각해 보면 독서교육 관련의 책과 '도서상품권'이 학교 현장에서의 반응이 괜찮았던 것

으로 기억합니다. 특별히 필자가 운영하는 출판사에는 초·중·고 교사들의 저서가 상대적으로 많습니다. 이는 두 가지 측면을 강조하기 위함이었습니다. 하나는 학교 현장에서 책 읽기 학습을 하면서 선생님의 아이들에 대한 교과 방법론을 중시하였습니다. 이를 누구보다도 잘 알고 있는 현장의 선생님들을 통해 저작으로 끌어내고자 하였던 것입니다. 또 하나는 글쓰기를 쉬운 어휘와 문장을 유도하여 읽기 편한 책을 출간할 의도이었습니다. 대학교수들만이 아닌 일선 교사들도 연구 의욕을 북돋아 '저서 갖기 운동' 차원을 포함하였습니다. 일명 공부하는 교사상이라 하겠습니다. 필자가 나름 출판의 가치를 제대로 안 것은 90년대 초 유럽의 출판 선진국에 가 볼 수 있게 되면서부터였습니다. 그 당시 파주 출판단지 조성과 함께 출판계의 발전을 위한 의도가 있어 필자를 출판 선진국들이 있는 유럽에 보내준 것으로 압니다.

그런 중에 네덜란드에서였습니다. 우리 일행을 가이드한 분이 1516년경 출간된 영국의 『유토피아』 저자 토머스 모어와 출판에 관하여 설명을 들었습니다. 토마스 모어(Thomas More)가 『유토피아(Utopia)』를 자국인 영국에서 출판하지 못하였다고 하였습니다. 네덜란드로 출장 오는 길에 원고를 갖고 와서 네덜란드 출판사에 맡겼습니다. 필자는 그때 의문이 들었습니다. 영국은 네덜란드와 국력이 비교가 되지 않을 정도로 큰 나라였는데 그 차이점은 어떤 것이었을까였습니다.

출판의 자유, 즉 표현의 자유가 있고 없고의 차이였습니다.

　정작 저자 토머스 모어는 생전에 자기 저작물을 볼 수가 없었다고 하였습니다(사실은 아니었습니다.). 귀국 후 바티칸과 '헨리 8세' 간에 두 번째 부인 '앤 볼린'의 재혼과 상관하여 힘겨루기 과정이 있었다. 토마스 모어와 주군 간에 마찰로 인하여 저자는 단두대에서 사라졌다고 하였습니다. 책 『유토피아』는 말씀드린 대로 출판의 자유가 위협시되었던 영국을 떠나 출판이 자유롭던 네덜란드 출판업자에 맡겨져 세상에 나올 수가 있었습니다. 출판의 자유 즉 표현의 자유가 있고 없고의 차이였습니다. 단순한 설명만으로 귀담을 수 없었던 실례였고, 시사하는 바가 컸습니다. 새로운 세상을 탐해 보려 하였던 원고는 자국에서는 출간하지 못하는 금서의 대상이었던 것이었습니다. 원고를 기꺼이 받아 출판에 응하였던 네덜란드의 출판업자의 그 자유의지를 그때야 들을 수가 있었습니다. 솔직히 이 대목에 감동하였습니다. 출판업자의 자세와 본연의 의무가 어떠해야 하는지를 그때 들어서 알 수 있었습니다. 필자로서는 더없이 귀중한 체험이었습니다. 당시의 토머스 모어가 창작한 『유토피아』의 내용이 무엇이겠습니까. 국정에 대한 비판서였습니다. 새로운 세상을 꿈꾸는 개인 자연인이자 양심인의 염원이 담긴 개혁서였던 것입니다. 책이 막상 출간되면 당국은 가만히만 지켜보았을까요? 우리나라에서도 이와 똑같은 사례를 볼 수 있었습니다. 1618년 조선조 중엽 광해조 때에 살아갔던

 불세출의 의인『홍길동전』허균과 율도국입니다. 책을 발행한 허균 선생은 그 즉시 제 삶을 다 못살았음은 물론입니다, 본보기로 능지처참되어 한세상 삶을 비통하게 마감해야 하였습니다. 허균 선생에게는 네덜란드와 같이 비밀을 지켜줄 만한 출판사가 그 당시 우리에게는 없었습니다. 허균 선생은 시대가 안고 있던 문제점을 인식하고 있었던 것입니다. 깊은 의식과 함께 대안으로 여겨졌던 통찰력이 꺾이지 않고 오늘에 그대로 통용되었더라면 얼마나 좋았겠습니까. 역사는 아쉬움이 그 언제까지나 클 것입니다. 다른 것도 아니고 허균 선생의 홍길동전은 1592년 임진왜란 이후 출간되었습니다. 도탄에 빠져 허덕이던 민중을 깨우쳐 구원하고 전제주의의 폐습을 타파하고 싶었던 열의가 담겼던 책입니다. 이와 같은 일환을 담은 책이 원죄가 되어 목숨까지 잃었던 것입니다, 영국은 메리에 이어 엘리자베스 1세가 왕위를 이어받으면서 새 나라 즉 대영제국을 만들며 해가 지지 않는 제국을 만들었습니다. 이에 반하여 우리나라는 난학을 받아드려 명치유신를 도모하였던 일본에 나라까지 빼앗겼습니다. 아직도 책을 많이 읽는 일본인과 책을 읽지 않는 대한국인은 비교 되고 있습니다. 이를 어떻게 설명해야 할까요. 참으로 단선적이고 기초적인 사유가 부실한 암담한 나의 조국이라 하겠습니다. 경기도 용인시에 가면 양천 허씨 묘역이 있습니다. 허균 선생의 묘는 덩그러니 가묘로 만들어져 있을 뿐입니다. 이 두 사람의 공통점은 나라에 불경 서적(?)을 출간한 대역 죄인이었다라는 점입니다. 불의와 불합리가 판치는 세상에 대해 거부하거나 항거하는 한 표시가 대안서였다. 이것이 결국 세상 100여 년을 사이에 두고 동서양을 망라해 개혁하는 근거와 원동력의 유무가 되었습니다. 양심인 스스로의 한계와 새 세상을 글에 담았고, 그때를 살아갔던 민중들과 함께 공유하며 사회를 근본적으로 개혁하고자 하였습니다, 이 모두 불의한 세상에 갇혀 살면서 깨우치려 하였던 진정성의 결과물들이 아니었을까 합니다. 한편으로 재미있는 것은 『유토피아』도 섬의 이름이었고, 『홍길동』의 율도국도 섬이었다는 점

입니다. 이 또한 위험한 실명은 피하고자 하는 의미였을 것입니다. 여기서 중요한 것은 책을 쓴 저자도 중요하지만 위험할 수도 있는 원고를 받아 책으로 발간해 준 출판인의 의지와 신념의 중요성이 두말할 나위가 없습니다. 이렇게 세상을 열고 깨우

치는 것이 출판입니다. 출판업과 출판인이란 가치가 이와 같은 것입니다. 출판사를 대표하는 발행인은 시대의 가치와 대안을 추구하는 저작자를 발굴하는 것을 능사로 삼을 수 있어야 합니다. 어찌 보면 장사보다는 신념이 먼저 앞서야 합니다. 장사는 도서관 제도를 발전시키면 자연 해결됩니다. 이는 지금도 마찬가지입니다. 진정한 출판인이라면 위험부담을 안고 역사에 바로바로 그때의 생생한 물증인 원고를 책으로 출간해 세상에 토해 낼 수 있어야 합니다. 출판인에게는 언제나 책무만 있을 뿐입니다.

요즘 출판은 그런 위험이 없습니다. 출판의 자유를 누릴 수 있게 되었습니다. 좋은 세상이 온 것일까요. 하지만 우리는 아직도 그때를 못 벗어난 듯이 살아가고 있습니다. 깨우치지 못한 시대에 살고 있는 증표입니다. 너 나 할 것 없이 진실을 모르고 살아가고 있을 뿐이지요. 멈춰서 있는 꼴과 같습니다. 장사가 되느냐 마느냐가 출판 조건의 최우선이 되었습니다. 자본 논리에 출판 정신이 압도되어 매몰되고 있는 형국입니다.

제안합니다.
출판 후진국을 벗어나자. 출판을 복지제도에 포함시키자.

출판은 우주적인 문제 의식을 갖고 집약되어 온 고도의 작업의 결과치입니다. 따라서 출판산업에는 과거는 물론 오늘과 내일을 주제별로 삼아 심층적으로 접근해야 합니다. 그중에서도 사회문제와 해소책에 대하여 핵심으로 다가가고 그 여력을 부가가치로 창출하게 됩니다. 곧 책을 읽는 것은 깨어남이다. 깨어남은 인간 삶에 있어 여타의 문제를 개인 스스로가 자발적으로 해소하는 방안이자 자체적인 처방입니다. 따라서 오늘도 책 읽는 사회를 만들어야 하는 이유입니다.

향후 국민의식을 제고하기 위하여 '기본서 읽기' 의무화를 위해 헌법 개헌안에 포함시켜야 합니다.

늦지 않았습니다. 지금도 사회의 자발적인 기능을 확대하기 위하여서 책 읽는 사회, 즉 깨어 있는 사회를 만들 수 있어야 합니다. 세 가지 측면에서입니다. 첫째 책은 미숙한 우리 인간을 깨우쳐 주는데 교과서적인 기능이 있습니다. 아는 만큼 세상이 보인다고 하였습니다. 여기에 더하여 삶의 방향까지 명쾌하게 제시해 줍니다. AI 시대를 맞아 책을 더 가까이해야 할 이유입니다. 둘째는 욕망에 들뜬 사람들의 자제력을 키워줍니다. 감정을 자제시키고 이성적인 판단을 기본적으로 행하게 합니다. 스스로를 인간 동물의 경거망동을 하지 않게 제어해 다스리는 지혜력(智惠力)이 만만해집니다. 부가가치적으로는 사회가 그만큼 안정됩니다. 셋째는 사는 동안 건강한 삶을 보장하게 합니다. 따라서 사회 복지적인 측면이 강합니다. 사람이 늙으면 누구라 할 것 없이 자신을 건사해 가기는 어렵습니다. 이를 위해서 국가는 많은 비용을 들여 복지혜택을 늘려가야만 합니다. 이것은 단기 처방일 뿐이지 근본적인 문제의 해결책이 아

닙니다. 필자는 노인들이 무료하지 않게 도서관을 이용할 줄 알고, 그곳에서 책을 수시로 읽는다고 하면 어떤 일이 벌어질까요 라고 여러분에게 묻고자 합니다. 책은 노인들을 무료할 수 없게 해줍니다. 더욱이 외로움도 그만큼 없애 줍니다. 책은 그 자체로 관심과 의욕을 불러일으킵니다. 삶의 모든 문제를 조용하게 해결하는 마력도 있습니다. 관심과 가치가 일상의 독서 속에서 율동적으로 일정하게 풀어지게 되어 있기 때문입니다. 따라서 책의 보고인 도서관은 누구나 자신의 삶을 윤택하게 그리고 여유롭게 유지시켜 갈 수 있는 공간입니다. 안전판으로 삼아질 수 있는 공간입니다. 이는 그 자체로 혁명적인 사회를 이끄는 것으로서 그만큼 여타의 문제를 줄이면서 안정된 나라로 이끌게 될 것입니다. 그 속에서 서로는 행복을 나눌 수가 있습니다. 지금 현재를 살아가는 데에 습관화되어 있지 않은 노인에게는 해당이 안 되겠지만 다음의 미래세대를 위하여 제도를 지금 만들어 놓을 수 있어야 합니다. 제도는 두 가지입니다. 첫째는 책 기본서 700권, 읽기 10년 과정의 권장 사회와 시스템입니다. 의무교육과 같은 개념으로서 열린 사회 안에 자연스럽게 시스템을 만들어야 합니다. 일정기간 동안 권장을 하면서 나라에 개헌이 있을 때 '책 읽기 사회'를 현재의 4대 의무를 5대 의무로 개헌하면 됩니다. 둘째는 도서관 정책의 활성화입니다. 도서관 숫자의 크기는 선진국 지수의 척도입니다. 도서관을 교두보로 삼아서 인문학 분야의 각종 참여토론은 대회와 예술행사를 다양하게 개최할 수 있도록 합시다. 여기에 자발적인 주민참여를 일상화시키면 됩니다. 종사하는 실무자는 교직 등 정년퇴직하신 분들이 봉사자로 참여할 수 있도록 하면 됩니다. 당장 책 읽는 습관을 들이게끔 건강사회정책으로 다루고, 이를 복지제도로 만들면 효과는 극대화될 것입니다. 건강한 사회이기에 비용도 그만큼 덜 들고 사회의 많은 문제도 많

은 부분에서 자동 해소되는 효과를 보게 될 것입니다. 무엇보다 삶이 더불어라는 공통의 가치를 인식하는 계기를 맛볼 수 있게 하는 점에 있습니다. 여기에 책을 읽는 만큼 세상은 보이고 상대를 이해하고 배려하게 해 줍니다. 부가가치가 당연해서 따르게 됩니다. 여러 부문에서 자정 능력이 생기게

된다는 점을 알아야 하겠습니다. 이와 같은 과정을 거쳐야만 우리나라가 지역 싸움의 일종인 몰표 투쟁 등에서 벗어나 실질적인 선진국으로 갈 수 있다는 뜻이기도 합니다.

  도서관에 소장시킬 책은 양서에 한해서 출판사가 발행하는 초판을 실비로 구입하여 장서화시키는 것이 필요합니다. 국가의 새로운 백년대계의 사업으로 추진하였으면 하는 바람입니다. 출판은 깨우침의 표상이라고 하였습니다. 책을 많이 읽는 민중에 의한 첨단 민주화 시대를 열어가야 합니다. 국력이란 힘은 일부의 지식인으로 가능하지 않습니다. 깨우친 민중의 숫자입니다. 이와 같이 책 읽는 민중이 될 수 있도록 구심점이 되어줄 지도자가 이제는 꼭 필요합니다. 차기 정권이 담당할 수 있어야 합니다. 일본과 같이 민중을 근원적으로 계도할 수 있어야 합니다.

  이 책 『전환시대 논리Ⅱ, 이재명』 발간의 동기의 하나가 시대정신의 구현을 위해 출판인 선배가 정치인 후배에게 바람을 겸한 의견을 전달하는 것이라 보아주셨으면 합니다.

  아울러 이 자리를 빌려 꼭 지적해 둘 것이 있습니다. 헌법에 명문화되어 있는 언론·출판의 자유에 관해서입니다. 감히 말하지만 제 역할을 못해 무기력하고 도구화되어 있는 썩어가는 언론을 출판과 함께 견주어 마구잡이로 섞어 놓지 않았으면 합니다. 출판과 언론이 동시에 중요한 것은 사실이기는 합니다. 헌법에까지 필수 사항으로 포함시켜 놓은 것을 압니다. 하지만 필자는 언론에 비하여 출판이 더 중요하다고 강조하겠습니다. 언론은 오늘 당장이 주된 관심사입니다. 소식을 알리고 교감하는 단순한 매체에 지나지 않습니다. 여기에 비해 출판은 오늘 못지않게 어제와 오늘을 잇고 내일까지 깊숙이 다뤄가야 하는 종합적인 사고를 관심사로 두는 종합매체입니다. 따라서 정 뭣하면 출판·언론이라 해 주든가 아예 분리해서 출판의 자유만을 거명해 주었으면 한다는 말씀입니다. 앞으로 인간과자연사는 출판이 해야 할 역할을 하겠습니다. 시대정신에 부응하도록 하겠습니다. 첫째는 세종대왕 정신의 계승에 따른 기획 사업을 하는 것을 우선으로 하겠습니다. 인간 세종대왕은 600년 후인 오늘에 모셔서 국내만이 아니라 세계로 모시고 나갈 수 있어야 합니다. 그 하나는 '훈민정음' 즉 한글 창제 정신입니다. 유일한 소리글자이기에 세계인과 소통하기가 그만큼 쉽습니다. 세계의 언어가 제대로 소통이 안 되니 싸움을 하는 이유이기도 합니다. 또 하나는 애민사상입니다. 인류애입니다. 특히나 헐벗은 나라 안에 민중들과 세계의 민중들과 어울려 보듬어 안을 수 있어야 하겠습니다. 둘째는 출판 영역의 여러 불합리를 개선해 내도록 하겠습니다.

특히 독자들과 신뢰적인 기반 위에 책을 가까이할 수 있는 개선점에 대하여 솔선하도록 하겠습니다. 이 책은 시대정신에 있어서 민초인 민중을 대변하고자 만들어졌습니다. 그리고 그에 합당하게 집행해 줄 대통령 후보에게 귀띔해 줌으로써 나라의 인문정책을 올바르게 세워보자고 하는데 방점이 찍혀 있습니다. 향후 대한민국은 나라의 중추인 민중을 제대로 보살펴 갈 것인지가 관건입니다. 이것이 앞으로 지도자가 갖춰가야 할 지향점이자 덕목입니다. 독자 제위께 제언으로 삼아서 이곳의 지면을 빌려 이를 알리고자 함이 있었음을 이해하여 주시기를 바랍니다. 책을 많이 읽는 대통령이라면 지금까지의 충정이 어린 글귀가 무엇을 뜻하는지를 잘 알 수 있을 것입니다.

인간과자연사에서 출간한 책

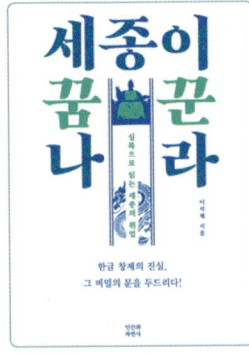

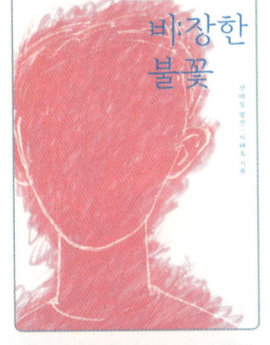

----- 절 취 선 -----

4.
섀도 내각(SHADOW CABINET)을 위한 국민 추천 '제안'

※
※ ※

향후 대의제가 아닌 '직접민주제'에서 내각을 조각할 때는 국민 추천제가 활용될 수 있습니다. 이번에 이를 시범으로 삼아서 국민 각자가 장관을 부담 없고, 재미있게 추천해 보도록 합시다.

국무총리 :

비서실장 :

안보실장 :

감사원 :

국가정보원 :

기획재정부 :

행정안전부 :

외 교 부 :

국 방 부 :

통 일 부 :

교 육 부 :

문화체육관광부 :

산업통상자원부 :

고용노동부 :

국토교통부 :

과학기술정보통신부 :

여성가족부 :

법 무 부 :

중소벤처기업부 :

농림축산식품부 :

보건복지부 :

환경부 :

해양수산부 :

국가보훈부 :

검찰청 :

중앙지검 :

법제처 :